DESTINO

Láncese hacia su propósito

T. D. Jakes

FaithWords

New York, Boston, Nashville

FaithWords
Hachette Book Group
1290 Avenue of the Americas
New York, NY 10104
www.faithwords.com

Impreso en los Estados Unidos de América

RRD-C

Primera edición: Agosto 2015
10 9 8 7 6 5 4 3 2 1

FaithWords es una división de Hachette Book Group, Inc.
El nombre y el logotipo de FaithWords es una marca registrada
de Hachette Book Group, Inc.

La editorial no es responsable de los sitios web (o su contenido)
que no sean propiedad de la editorial.

International Standard Book Number: 978-1-4555-5399-0

Dedicatoria

Me gustaría dedicar *Destino* al personal y al equipo de TDJ Enterprises, quienes me permitieron aprender mientras les lideraba. A la familia de The Potter's House: su hambre por conocer me impulsó a cavar más profundo en la vida. A mis muchos amigos que me desafiaron, inspiraron, oraron por mí y me alentaron durante el camino. Siempre intenté asegurarme de que supieran quiénes eran y el valor que tienen para mí.

A mi amorosa esposa, Serita, y mis cinco talentosos hijos: Jamar, Jermaine, Cora, Saray y Dexter. A mis hermanos, Ernest y Jacqueline. Son ustedes toda mi familia. ¡Los amo profundamente! Siempre he aprendido mucho de ustedes sobre la vida, el amor, y lo que más importa. ¡Estoy seguro de que no podría haber sobrevivido sin que ustedes me dieran una razón para crecer! ¡Gracias por darme el regalo de tenerlos en mi vida!

Índice

- Corra la carrera con anteojeras puestas
- Destino requiere credibilidad
- Es complicado
- Cave más hondo dentro de usted
- No diga: "¡No voy allí!"
- Provisión para su visión
- Entienda la complejidad de Destino
- No se quede en la fiesta demasiado tiempo

¡Salga del atasco!

- ¡Ya lo tiene en marcha, querido!
- Del atasco a la estrategia
- Destino necesita algo más que usted
- Destino necesita más que suerte, unción o talento natural

Expóngase más

- ¿Es usted una persona con impulso?
- La mentoría empieza donde termina la educación
- ¿Necesita un mentor?
- Haga el tour
- Escoja sus mentores a la carta

Entre en su caos y vea el valor de sus errores

- Levántese una vez…y otra
- Encuentre recompensa en el fracaso

Siga el ritmo de la búsqueda de un conocimiento mayor

- Estírese. ¡Suelte y aprenda!
- ¡Olvídese de las tonterías!
- Alimente los deseos de su mente
- Las mentes inquisitivas quieren conocer más

Aléjese de lo que no importa

- Sepa por qué busca Destino
- Destino comienza en su cabeza
- Entre en su zona

Apártese para escuchar el auténtico llamado de Destino

- No se lo puede contar a todo el mundo
- Una opinión es tan solo eso
- Evite el engañoso cebo de la popularidad
- No escuche a personas que no tienen nada que perder
- Oiga la vocecita calmada de Destino

Entre valientemente en las aventuras de la vida

- La exposición es su manejo de prueba para Destino
- Destino llega en partes
- Vaya con el fluir de Destino
- Mire desde la perspectiva de Destino

CAPÍTULO 1

Instinto más propósito, igual a destino

Vaya más allá del instinto

Mientras entraba tranquilamente en el elevador y apretaba el botón para ir a la planta baja, la increíble bendición que experimenté me dejó fascinado. En el trayecto del elevador meditaba en el destello de la historia que acababa de compartir conmigo la legendaria Sra. Coretta Scott King durante sus últimos días de salud y vitalidad.

Habíamos disfrutado de un almuerzo en su elegante ático en Atlanta, donde vivió durante sus años de vejez con dignidad y clase. Mientras comíamos, la Sra. King me volvió a contar muchas de sus asombrosas experiencias desde la perspectiva a vista de pájaro de sus más profundas reflexiones. Los recuerdos que compartió fueron momentos que yo había vivido solamente a través de los reportajes y los libros de historia.

Ella me guió por un pasillo decorado con imágenes fascinantes que reflejaban una vida al borde de la muerte, pero iluminada por la pasión y la convicción. Compartió cómo fueron sus años con el reverendo Dr. Martin Luther King Jr., incluidos muchos momentos de peligro. Mientras recordaba experiencias desgarradoras, hablaba con la compasión de una madre, como si fuera la madre de todos, y no solo la madre de sus cuatro enigmáticos e interesantes hijos.

Uno de los muchos temas que tratamos ese día fue una pregunta penetrante que hice, un tema considerado tabú por muchas personas. Le pregunté por qué nunca se volvió a casar. Antes de responder, ella me miró como si mi pregunta fuera de hecho un tanto necia. La Sra. King sonrió y casi se rió cuando respondió: "Martin dejó el listón muy alto". Seguro que debió de haber sido así. Pocos hombres han influenciado la cultura, el país y el mundo como lo hizo el Dr. King. Pero lo que ella dijo después me dejó sin aliento. "Yo fui llamada a ser su esposa", dijo ella. "Mi destino era estar a su lado".

Esta mujer, cuya legendaria voz para cantar merecía una carrera propia, cuyas habilidades de oratoria e inteligencia le hacían apta para muchas funciones, claramente percibió su destino. La Sra. King podría haber sido lo que hubiera querido, desde presidenta de cualquier universidad a empresaria, y sin embargo, escogió apoyar el movimiento por los derechos civiles, ¡subrayando la misión y manteniendo vivo el sueño de su esposo mártir! Compartió muchas experiencias de su vida, y poco me imaginaba yo que ella además estuviera meditando en ellas desde la postura de su inminente fallecimiento. Solo en retrospectiva consideré su pequeño plato de fruta que se comía muy despacio, y su contentamiento viéndome disfrutar de la amplia oferta de delicias culinarias preparadas para mí.

Su contenta sonrisa traicionaba la gravedad de su estado, que yo sabía que era una batalla contra el cáncer, y una batalla que pronto perdería. ¿O realmente la había perdido? Su sonrisa me enseñó el valor del contentamiento con una vida bien vivida, una vida que había recorrido su curso. Coretta Scott King vivió confortada por su creencia de que a pesar de la turbulencia de su viaje, había vivido sin salirse del recorrido con un destino mucho más importante que las olas de dolor y tumulto que experimentó en la vida y en el asesinato de su esposo. ¡Ella tenía paz!

Ojalá usted y yo pudiéramos repetir su resolución en nuestras propias vidas. ¿Podría ser que permitimos que las condiciones de nuestra vida nos distraigan del significado de nuestra vida? ¿Es posible que no pasemos el tiempo suficiente revisando las sintonías y leyendo la brújula del Destino y su empuje intrínseco sobre el alma humana?

Si somos sabios, veremos el propósito predestinado para el que fuimos creados, y en nuestro pequeño tiempo de vida, encontrarlo y llevarlo a cabo. Espero que cada uno de nosotros sea libre de la vida sin propósito que hace que muchos vayamos dando tumbos sin rumbo fijo por esta vida.

Al igual que la Sra. King, todos fuimos creados para cumplir algún papel solamente mediante el cual podemos encontrar el gran elixir del contentamiento y el valor. Sea cual sea la tarea, la muerte pierde su licencia de amenazar a los que están seguros de haber vivido antes de enfrentarse a sus garras.

Mientras descendía en el elevador las treinta y nueve plantas hasta la planta baja, meditaba en el hecho de que yo también he vivido una vida a la que me sentí atraído. He sido empujado por un llamado que me ha sacado de la cotidiana adquisición de recuerdos de la vida para llevarme a la reconfortante tarea de hacer algo con mi vida que solamente yo podía haber logrado de manera única.

El instinto es solo el primer paso

A veces nos asombramos de lo que pueden soportar los seres humanos. Al mirar la vida de la Sra. King, nos preguntamos cómo pudo soportar los desafíos de educar a sus hijos prácticamente sola, las amenazas de muerte, los bombardeos y las incesantes investigaciones del FBI. ¿Qué motiva a una persona a encontrar contentamiento en una vida de lucha, como hizo Nelson Mandela durante sus casi veintisiete años en una prisión en Sudáfrica?

Cuando vemos a personas involucradas completamente en su propósito, es una confirmación de que Dios nos ha dado a cada uno un destino. ¿Cómo si no podría una persona estar tan fascinada con la precisión de los números mientras otra está totalmente obsesionada con la precisión de las palabras? ¿Qué hace que usted tenga un gran interés por algo que aburre soberanamente a otras personas? ¿Por qué es usted capaz de tomar cualquier cosa y arreglarlo, desde un reloj a un automóvil, mientras que otras personas deberían ser arrestadas solo por agarrar un martillo? ¿Por qué puede usted dedicar incontables horas a leer un libro mientras otras personas nunca llegan a entender la trama si no lo ven en video? El don o deseo que Dios le ha dado para que exprese es único para usted. Otros no pueden entender cómo hace usted lo que hace, pero usted tampoco puede entender cómo ellos actúan en sus dones.

¿Por qué se enoja cuando ve ciertas cosas que no se hacen correctamente? Es su instinto. Se enoja por el hecho de que usted sabe que se podría hacer mejor.

Recuerdo leer una historia de un atleta olímpico a quien acusaron de un grave delito. Tras ser liberado bajo fianza, lo primero que hizo fue regresar a su rutina de entrenamiento. Mientras leía su historia, pensé: "Si yo estuviera bajo el microscopio público por esa clase de delito, de ninguna manera pasaría mi tiempo entrenando". Pero después pensé en el hecho de que este hombre era un atleta campeón, y los verdaderos campeones no pueden hacer otra cosa que aquello para lo que tienen dones. Es su terapia. Es su manera de fortalecerse. Usted es un campeón cuando vence la adversidad y regresa a hacer lo que estaba haciendo antes.

El empuje para hacer aquello en lo que usted es bueno es instinto. Es para lo que Dios le ha creado. El tipo de instinto dado a la creación sublime de Dios no es el mismo que el instinto que hace que una tortuga marina viaje por el océano hasta la orilla para poner sus huevos y después regrese al mar. El instinto humano en acción es un gozo puro de contemplar. Es como una obra de arte en acción, como ver a Michael Jordan hacer un mate con un balón de baloncesto o escuchar una melodía hipnótica ofrecida por el virtuoso del violín Itzhak Perlman.

¿Por qué el elefante está "por allí"?

En mi anterior libro, *Instinto*, exploramos cómo están hechas las personas. Ese libro se convirtió en éxito de ventas porque muchas personas están buscando una forma de sintonizar con lo que Dios ha puesto dentro de ellas. Compartí mi experiencia de estar en un safari africano, atendido por un zoólogo y un guía. Descubrí que el zoólogo sabía todo sobre la biología y los hábitats de los elefantes, pero fue necesario el instinto del guía del safari para decirnos: "El elefante está por allí". Encontramos al elefante, pero nadie en el safari pudo decirnos *por qué* estaba "por allí". La respuesta está en el propósito y el plan de Dios al crear a los elefantes.

Si usted es como yo, habrá vivido ocasiones en que se ha preguntado: "¿Por qué estoy aquí?". Quizá haya hecho la pregunta al encontrarse en medio de una oportunidad asombrosa, divinamente preparada, o quizá se lo ha preguntado como una reacción al haber cometido el peor error de su vida. Puede que se pregunte por qué está en una posición escogida que buscaban decenas de personas con la misma o mayor preparación que usted. Quizá se asombra de por qué usted fue a la universidad pero todos sus hijos terminaron muertos o en prisión. Quizá se pregunte por qué todos sus amigos que están orientados a los objetivos se han apartado lentamente de usted, y ahora pasa todo su tiempo con personas que no tienen metas y no quieren que usted tampoco las tenga. Puede conocer la logística y mecánica de cómo llegó hasta donde está pero aún no tener respuesta a la pregunta del porqué. Sin el porqué, nunca podrá conectar con el propósito; mediante el propósito, usted conecta con el lugar llamado Destino.

Instinto compartía cómo está usted hecho y daba estrategias para liberar lo que Dios ya ha puesto dentro de usted. El instinto es el cómo, pero Destino revela *por qué* es usted así. Me sentí particularmente impulsado a escribir este libro porque el "porqué" es siempre más poderoso que el "cómo" de la vida. Estoy emocionado con este libro como una oportunidad de ir más allá del cómo y explorar el porqué. Ambos conectan para dirigirle a Destino.

Es una poderosa transición de la vida liberar lo que hay dentro de usted, pero esa liberación solo se hace viable cuando la puede validar el porqué. Sabemos cómo se hacen los bebés, y por muy mística que pueda ser la ciencia de la procreación, podemos absorber esa milagrosa información de forma mucho más fácil que el porqué de la vida. ¿Por qué nacemos? ¿Por qué nació usted?

Una de las preguntas de la vida centrales de la humanidad tiene que ver con el porqué de la vida. Todos hemos lidiado con la pregunta de un propósito personal que confirme nuestro destino: ¿Por qué estoy aquí? Para algunas personas, la pregunta es poco más que una corta búsqueda intelectual. Para otras, es una búsqueda de por vida. Sin embargo, el mero hecho de que la pregunta se haya planteado a lo largo de innumerables generaciones afirma que hay una búsqueda interior que pincha el corazón humano. Esa búsqueda está alimentada por la necesidad que tiene la humanidad de saber que nuestros esfuerzos y acciones son congruentes con nuestra pasión y propósito.

Cuando seguimos el camino instintivo de nuestra pasión moldeado en acción, conectamos con el Destino. Cuando exploramos el camino hacia Destino, obtenemos un barómetro mediante el que podemos medir el auténtico propósito, conocido también como éxito. No se puede definir el éxito en dólares o centavos. ¡Solo se puede cuantificar mediante la consecución de un propósito predestinado! Esta necesidad de tener que responder al porqué de la vida no se puede satisfacer únicamente mediante la fama, la riqueza o la notoriedad, o ni tan siquiera la educación, ya que ninguna de estas adquisiciones garantiza que esa acción está en consonancia con el propósito en nuestra vida.

Destino es el empuje de nuestros instintos ante el tirón de nuestro propósito. Ese empuje-tirón es lo que hace que el sol, la luna y las estrellas no se choquen. Hace que las estaciones cambien de plantar al crecimiento, la siega y después a la inactividad. Si ese empuje-tirón, conocido como gravedad, pone en acción de forma precisa a las galaxias y las estaciones, ¿acaso no pondrá ese mismo principio, el empuje del instinto y el tirón del propósito, su vida en la marcha correcta? Lo que es la gravedad para el orden de nuestro universo, es el Destino para el significado de su vida.

Sienta el ritmo del instinto para conectar con su auténtico yo

La película de Walt Disney *Elegidos para el triunfo* es un relato ficticio de entretenimiento del viaje de un equipo de trineo de carreras jamaicano a las Olimpiadas de invierno. El capitán de su equipo animó a los novatos de este deporte a seguir la metodología de los suizos, que tenían muchos más años de experiencia compitiendo. Intentaron seguir las técnicas del equipo suizo, pero no les funcionaban. Su rendimiento no pudo calificarlos para la competición olímpica; es decir, hasta que tomaron la decisión clave de correr como jamaicanos. Su grito de guerra fue: "Siente el ritmo, siente el ritmo. Sube a bordo, ¡es la hora de correr en trineo!". Mientras que los suizos contaban eficazmente para situarse en posición, *"Eins, zwei, drei"*, los competidores jamaicanos finalmente encontraron su estrategia: "Si andamos como jamaicanos, hablamos jamaicano y *somos* jamaicanos, entonces será mejor que...¡corramos en trineo como jamaicanos!".

Los olímpicos jamaicanos tuvieron que aprender a operar sobre la base de sus dones de forma auténtica. El problema no era que no tuvieran talento para correr en trineo; no habían conectado con su instinto en este asunto. Del mismo modo, las personas deben aprender a vivir vidas genuinas que les permitan realizar las tareas de la vida que tienen dones para hacer.

Barbra Streisand y Aretha Franklin son ambas iconos de la música con un talento tremendo. Pero ¿qué ocurriría si usted fuera a una de las raras actuaciones de Barbra y le oyera intentar cantar como "la reina del soul"? Sabría que algo no estaba bien. La actuación no sonaría auténtica.

Cómicos, eruditos, predicadores y atletas, todos ellos han

admitido ser influenciados por la destreza y el estilo de alguien que estuvo antes que ellos. Michael Jackson y Prince fueron influenciados claramente por las actuaciones del padrino del soul: James Brown. Muchos predicadores de hace una generación fueron influenciados por los estilos de oratoria de Martin Luther King Jr. y Billy Graham. Estar expuesto a otros que son buenos en lo que hacen puede ser motivador e instructivo; nos ayuda a entender la manifestación de nuestros propios dones. Observar a otros puede ayudarnos a ponernos el listón de la excelencia más arriba. Pero debe haber un punto en el que uno respeta, admira y aprende de otros, y después va a su interior para conectar con su auténtica expresión de talento. Robert Frost y Maya Angelou fueron grandes poetas, pero cada uno tenía un estilo particular. Su instinto le llevará a la expresión particular de sus dones.

Puede prosperar eficazmente solo acercándose a lo que hay auténticamente en usted. El proceso de acercamiento comienza desde su parte más central. Usted solo podrá ser fructífero cuando entienda y conecte con lo que es su centro. En la película *Ray*, cuando el cantante Ray Charles intenta establecer un sonido propio, imita los estilos de sus contemporáneos hasta que da con un estilo que es particularmente suyo. En la vida real, Charles fue criticado por sus innovaciones en la música, pero consiguió una nueva mezcla en la música y encontró su auténtico sonido.

Puede ser intimidante hacerse responsable de su auténtico yo. ¿Qué ocurre si otras personas no aprueban al auténtico usted? ¿Qué ocurre si critican o se burlan de quién es usted realmente? Es una posibilidad dolorosa al pensarla, especialmente cuando la desaprobación o crítica viene de las personas más importantes de su vida. ¿Está preparado para enfrentarse a las reacciones, comentarios, críticas y quejas negativas que podrían surgir al hacerse cargo de su auténtico yo? ¿Puede manejarlo? Algunas personas no pueden. Viven sin expresar la autenticidad de lo que habita muy dentro de ellos porque la aprobación de otros es más importante para ellos que su autoaprobación.

Quienes viven según lo que otros esperan o aceptan porque no tienen el valor de ser la persona que su instinto les dice en su interior, solo están existiendo. Realmente no han aprendido a vivir. ¡La verdadera vida significa descubrir lo que Dios ha puesto dentro de usted!

Dios ha invertido mucho en usted, y por todo lo que el Creador ha puesto en usted, solo hay una cosa que Dios quiere saber: "¿Qué harás con lo que te di?". Dios espera que usted trabaje con excelencia en el nivel que le han dado. Como lo explicó el difundo autor, profesor y orador motivacional Leo Buscaglia: "Su talento es el don de Dios para usted. Lo que haga con él será el regalo que usted le devuelva a Dios".

El instinto debe unirse con el propósito para encontrar el destino

El instinto es esa aptitud o capacidad inherente de usar los dones emergentes que Dios le ha dado eficazmente en el tiempo y lugar señalados. Es la urgencia interior que le dice que actúe ahora, que salga ahora, que espere hasta después, o que nunca se rinda.

El instinto debe unirse con el propósito para darle una vida que cumpla su destino. Todos los dones deben recibir un lugar de expresión para que se despliegue el Destino.

¡Somos más eficaces cuando cedemos a la atracción del destino! Cada persona dotada necesita un lugar para engranar los dones que están arraigados en su interior. Sin importar lo dotado que esté, usted necesita un lugar de expresión. Ese lugar es Destino.

Sus dones instintivos son el metal dentro de usted. Su destino es el imán que le atrae a su lugar predestinado. Las personas con instinto pero sin aparente destino están esperando a ser elevadas por algo más alto que lo que les guió a sintonizar con el instinto. Debemos ser atraídos por algo más profundo. El destino nos empuja más allá de lo familiar hacia nuestro futuro.

Incluso aunque no suela leer la Biblia, probablemente estará familiarizado con la historia bíblica de Moisés y la zarza ardiente. Este gran líder de Israel fue atraído hacia una zarza que ardía en el desierto porque observó que las hojas no se consumían. El destino es el fuego que nos atrae a acercarnos a él. Enciende nuestra curiosidad. Todo el mundo de Moisés estaba boca arriba. Era un fugitivo que pasó de sultán a pastor. Su traumática salida de Egipto ayudó a conectar a Moisés con sus instintos. Cuando dejó de ser un príncipe consentido, conectó con los dones y las habilidades que Dios le había dado para sobrevivir a una experiencia en el desierto y prosperar en una vida de duro trabajo cuidando de un rebaño de animales, experiencia que sería esencial para la supervivencia de Israel cuando Dios le usó para librar a Israel de la esclavitud en Egipto.

Allí en la zarza ardiente estaba la intersección en la que la antigua vida de Moisés se cruzó con su vida futura. Fue el lugar donde el instinto que tiró de él hacia a la zarza ardiente se encontró con el destino que le empujaría de regreso a Egipto y más allá, y a conectar con su destino. Como Moisés en la zarza ardiente, quizá no comprendamos por qué se nos empuja más allá de nuestros entornos familiares, pero podemos confiar en que el Destino nos está atrayendo. El instinto y el propósito a menudo funcionan como un matrimonio. No es siempre una proposición de cincuenta a cincuenta. A veces puede usted operar más desde un sentimiento de instinto, mientras que otras veces la búsqueda de propósito puede tener un viento huracanado que le impulsa hacia delante. Pero las partes a veces desequilibradas le dirigirán. Cuando el instinto y el propósito conectan, su descendencia es el Destino.

Pase de la intención a la incepción

Si el camino al infierno está pavimentado con buenas intenciones, el camino al cielo está pavimentado con una fe incesante. La fe requiere el cuidado prenatal de los sueños, el nutrir a los hacedores de sueños y alimentar a los que matan dragones hasta que lo abstracto se vuelva concreto.

Quizá hay millones que están sentados en el sofá diciendo: "Voy a…". Lo harán cuando sus finanzas sean perfectas, cuando sus hijos sean perfectamente adultos y estables, cuando hayan logrado la estabilidad en el trabajo o algún otro indicador de la vida. Su vida nunca será perfecta. Algunas partes de ella lo serán, a veces. Siempre estará haciendo malabares y ajustes en algún área de su vida. Aléjese de quienes se sientan en el sofá y esperan ese día perfecto para comenzar a vivir su sueño. Usted puede decidir vivir su sueño cada día si tan solo da el primer paso. No todos los días se sentirá soñador y quizá algunos días le parezcan una pesadilla, pero si nunca se apea de sus intenciones, su visión para su vida quizá nunca se convierta en una realidad. Tenga fe para creer en Dios y en usted mismo, ¡y sepa que juntos ustedes dos pueden hacer cualquier cosa!

¡Aumente su capacidad para recibir lo que está destinado que ocurra si cree! Si puede ver lo invisible, puede hacer lo imposible. Quizá tenga que estirarse o agrandar su círculo de asociados. Quizá tenga que exponerse más allá de su zona cómoda o hablar cuando es por naturaleza introvertido. Estírese; ¡merece la pena!

Entender esta sinérgica conexión entre instinto y propósito para dar a luz el Destino es importante en la vida de cada individuo. Cada persona tiene un destino que cumplir. Es esencial crear un entorno que facilite el cumplimiento del Destino.

Primero acérquese internamente

En el relato de la creación narrado en la Biblia, me fascina una frase que la mayoría pasa por alto. Dice que Dios creó todo ser viviente con una semilla en su interior. ¡Vaya! ¿No es así cómo toda la vida está formada? Se vuelve a crear de lo que existe dentro de sí mismo. La semilla para lograr viene de la consideración divina de Dios, quien nos ha prediseñado para producir. Su creatividad reside dentro de usted. Su paz y poder vienen de cavar debajo de su superficie y localizar su propia base central de potencial.

Nuestra tendencia es mirar afuera de nosotros mismos en busca de comodidad, felicidad o satisfacción. Usted mira un nuevo trabajo para sentirse exitoso y valioso. Cree que una relación le aportará un sentimiento de cumplimiento y propósito en su vida. Compra un auto nuevo o una casa nueva, pensando que eso impresionará a otros y aumentará su nivel social. Todas estas cosas son maravillosas, pero todas ellas dependen de la gente o de condiciones que están fuera de usted. Ninguna cosa externa puede hacerle ser quien usted es. Ya está en su interior. Dios ya ha implantado en usted los materiales necesarios para moldear su Destino y convertirlo en realidad. Ya tiene lo necesario para actualizar la visión para su vida. Es una visión dada por Dios; de lo contrario, no la tendría.

Piense en el hecho de que desde que Dios creó el mundo, no

ha sido creado nada nuevo. Se han inventado muchos, muchos aparatos, pero no se ha creado nada. Todo lo que la humanidad ha desarrollado vino de lo que Dios ya había puesto en la tierra. Cada invención y comodidad moderna que usted disfruta hoy se creó con los recursos que ya estaban en esta tierra. Alguien simplemente tuvo la visión de convertirlo en realidad.

Diríjase hacia Destino

Si piensa en la mente humana como si fuera el timón que determina la dirección del destino de uno, entonces estamos transformando nuestra vida con la forma en que giramos nuestra mente. Usted se limita a sí mismo cuando actúa solamente a nivel intelectual o psicológico y rehúsa prestar atención a las inclinaciones espirituales que residen en usted.

Puede girar su mente hacia la educación, pero en algún momento del camino, incluso una licenciatura le dejará vacío. Puede girar su mente a la lógica, la razón o el sentido común, o incluso la coincidencia al buscar las respuestas de la vida, pero todo esto le dejará con la sensación de que le falta algo. Sintonice con el hecho de que el instinto que le empuja y el propósito que tira de usted son parte del plan mayor de Dios para que cumpla su destino.

Su mente quizá le guíe en lo que hace, pero su corazón afirma su pasión para hacerlo, y eso le lleva a resolver el porqué de su vida. Dentro de su pasión reside la pista hacia su propósito más hondo, y finalmente, su destino. Mientras se retira un poco de usted mismo para ver el empuje de los instintos soldados a la atracción del propósito que le guía a Destino, sabrá que los eventos y las circunstancias de su vida son algo más que coincidencias o meros hechos. La unión de todos estos eventos y conexiones, algunos aparentemente aleatorios, es el resultado de la orquestación divina para capacitarle para que consiga aquello para lo que Dios le ha puesto aquí.

Destino es mucho más grande que usted. Confíe en que los resultados no están en sus manos. Un encuentro con el Destino por lo general llega solo después de una exposición intencional y de prestar atención a la atracción del propósito.

Piense en una chica o un chico con el que quiso salir. Quería impresionar a esa persona. Si estaba aún en la escuela, quizá renovó su armario y comenzó a ponerse maquillaje y tacones. Quizá consiguió un trabajo a media jornada para poder permitirse llevarla a cenar. Hizo todo eso para conseguir la atención de esa persona. Hizo todo eso para demostrar a la persona que merecía la pena su compañía. Demuéstrele al Destino que merece la pena acercarse a usted. Muéstrele al Destino que no desaprovechará la oportunidad de viajar en los mismos círculos que él. Destino es un fastidioso compañero con el que uno raras veces, si es que alguna, se tropieza. Pero hasta que lo encuentra, le bromeará y se burlará de usted. Le llamará mientras usted intenta descubrir el porqué de su vida.

Destino a veces será esquivo y le guiará por un camino circular mientras usted busca el porqué. Pero guiado por el instinto mientras persigue el propósito, descubrirá el porqué de su vida, y entonces sabrá que ese cumplimiento de Destino es la mayor forma de éxito que jamás puede esperar tener.

Destino le espera

La mayoría de las personas han sentido la atracción del imán del Destino que les hizo encontrarse con quien se encontraron, ir donde han ido, o hacer lo que han hecho. Durante los tiempos de reflexión, la mayoría de nosotros nos asombramos al darnos cuenta de que los mayores momentos de nuestras vidas ocurrieron solo a través de una serie de circunstancias que nosotros mismos no iniciamos. Piense en los fortuitos encuentros, los sincrónicos tiempos de los eventos, y los encuentros por azar de su vida. Si no hubiera estado en ese restaurante, nunca habría conocido a ese contacto para su empresa, un futuro cónyuge o un trabajador. Si no hubiera asistido a ese campamento de verano, su fascinación por la vida salvaje, la biología, la botánica o la medicina deportiva nunca se hubiera producido.

¿Qué ordena nuestros pasos? Para los fieles, es solamente Dios. Los seculares pueden recurrir a palabras como *destino* o *suerte*. Se llame como se llame, todos nos sentimos atraídos por el impulso de la seducción del Destino.

Súbase a la ola de la vida con una sensación de guía hacia algo más allá de la autogratificación. Añada significado a la vida. No se detenga en seco en la parada de la distracción ni sucumba al indulgente lujo de la conmiseración. Los problemas y los retos que enfrentamos podrían ser meramente distracciones de la fuerza mayor del destino que nos atrae desde donde comenzamos hasta donde lograremos lo que deberíamos hacer. Si siente que hay un orden en sus pasos, una guía que le ha corregido cuando se salió del trazado y le avisó cuando se sentó en un patrón de espera demasiado tiempo, entonces siga leyendo.

El destino espera. Es siempre una aventura. Nos lleva más allá del dolor de la vida hacia el propósito de vivir. Hay más cosas sucediendo en su vida que tan solo usted.

En los momentos en que me he sentido menos experto, he visto que hay una fuerza debajo de mis alas por la que no puedo llevarme el mérito. Hubo un momento oportuno perfecto que no podría explicar. Hubo una persona a la que nunca podría haber planeado conocer. Hubo una oportunidad que nunca podría haber orquestado por mí mismo.

Mientras esperaba mi auto en la acera de la urbanización de torre de apartamentos de la Sra. King, recordé que había hablado en la reunión de Carlton Pearson en Azusa. Había sido el orador invitado en esa conferencia ministerial hacía muchos años, pero la secuencia de eventos que rodeó esa invitación para hablar aún me sorprende. Después de que terminase Azusa ese año, el pastor Pearson había decidido transmitir video clips de los tres días de eventos presentando a tres predicadores. Yo era solo uno de los video clips que retransmitió en su programa de televisión semanal en Trinity Broadcasting Network. Resultó que el fundador de la cadena, Paul Crouch, estaba viendo el programa. El video de mi sermón trataba de la vulnerabilidad de mostrar nuestras heridas para ayudar a otros con las suyas. Crouch estaba escribiendo un libro titulado *I Had No Father but God*. Lo que yo dije durante ese video clip le inspiró para compartir aspectos de su historia que le había costado siempre tratar en público.

Mientras entraba en mi auto para irme del edificio de la Sra. King, pensé que si el difunto Paul Crouch hubiera salido de la televisión para comprarse un sándwich de jamón, nunca habría visto ese corto video clip que le movió a invitarme a hablar en TBN, y después le inspiró a ofrecerme un intervalo de tiempo en la cadena. Sin poseer una cámara y solamente con una persona en plantilla, estaba a punto de retransmitir en la cadena de televisión cristiana más grande del mundo y ser atraído más profundamente a mi destino. Todo esto me llegó sin que yo tan siquiera me interesara por un programa de televisión o entregara una tarjeta de visita a nadie. Usted tiene un propósito y un destino.

Quizá su destino está naciendo a través de una empresa que se hunde o una bancarrota. Quizá la reducción de plantilla en una compañía fue realmente para liberarle hacia una vida de propósito. No son siempre los momentos mejores o más gozosos los que nos dirigen a nuestro Destino. A veces el dolor profundo y las emociones tortuosas ayudan después a maniobrarle, moldearle o posicionarle para el propósito de su vida.

El dominante empuje del Destino le ayuda a aceptar eventos y circunstancias que, vistos de manera aislada, podrían parecer un fracaso. Tras meditar más en ello, sin embargo, esas aparentemente tragedias son los catalizadores que le llevan a su lugar de destino. La Biblia dice correctamente en Romanos 8:28: "Y sabemos que Dios hace que todas las cosas cooperen para el bien de quienes lo aman y son llamados según el propósito que él tiene para ellos". Las cosas que están cooperando quizá no le hagan sentir bien. Quizá ni tan siquiera le parecen justas. Pero si usted lo permite, pueden llevarle a arenas y oportunidades que transformen su vida en un patrón de enfoque y propósito que coopera para su propio bien y el bien de la humanidad. Quizá todos podemos reducir la curva de aprendizaje del Destino y decir, como la Sra. King expresó tan elocuentemente: "¡Yo fui llamado a desempeñar este papel en la vida!".

Encuentre el destino que su Creador ha diseñado para usted. Tenga el coraje de vivir con una decisión firme de decir sí a lo que el Destino le invite. Los instintos son el sistema de guía interior que le capacitará, y el Destino es el recorrido que realizará, ignorando las distracciones que podrían desviarle. El Destino nos lleva gentilmente a través de la dispersa mediocridad.

Es el destino de este predicador de las colinas de West Virginia ayudarle a descubrir su destino. Medite en su propia vida. Si alguna vez ha sentido el empuje del Destino alineándole con personas, lugares y cosas, yo le ayudaré a encontrar su camino.

CAPÍTULO 2

Hay más

Vaya hacia un mayor cumplimiento y propósito

Lo siente en cada fibra de su ser. Se lo imagina. Sueña con ello. Lo anhela. Fantasea con ello. En lo más profundo de sus entrañas sabe que hay más que puede conseguir en la vida, y el saber eso le carcome por dentro, produciéndole una persistente zozobra. Intenta eliminar el sentimiento, pero regresa una y otra vez. Quizá no sabe de qué quiere más, pero el deseo está ahí. Sigue intentando conseguirlo, aunque no sabe qué es lo que quiere alcanzar. Lo único que sabe es que aún no ha llegado allí.

"Quizá estoy siendo desagradecido, o inmaduro, o poco realista por querer más. Me ha ido bien. He sido bendecido. Debería estar contento con lo que ya he logrado". ¿Alguna vez ha intentado suprimir sus anhelos de más con estas palabras? Incluso mientras se consuela con gratitud por lo que tiene, no es capaz de sacudirse el profundo anhelo de más. Puede que sea la persona más agradecida del mundo, pero si no ha llegado al lugar en el que Dios quiere que esté, para hacer aquello para lo que Dios le ha destinado y solo usted puede hacer, ese anhelo nunca se irá.

El hecho de que anhele más no significa que sea desagradecido con lo que tiene o que sea egoísta. Significa que tiene un llamado mayor. El deseo dentro de usted le llama.

Sus sentimientos de deseo indican que su realidad presente

19

es demasiado limitada, quizá incluso sofocante, porque sabe que usted puede hacer más de lo que hace ahora, saber más de lo que sabe ahora, poseer más de lo que posee ahora y experimentar más de lo que ha experimentado en la vida hasta aquí. No importa si su vida es un desastre o si ha alcanzado la cima del éxito en su carrera o comunidad. Quizá no sepa dónde la búsqueda de más le llevará, pero una parte de usted anhela ir tras ello, al margen de lo que sea ese *ello*.

Un inestimable número de personas ha preguntado: "¿Esto es todo en lo que consiste la vida?". La respuesta siempre reside dentro del mismo que hace la pregunta. Si usted determina en su mente buscar más, siempre encontrará que hay más que puede sacarle a la vida. Hay un mayor impacto que puede marcar. Hay una mayor huella que puede dejar durante su corta estancia en la tierra. Sin tan siquiera conocer sus circunstancias, puedo decirle con certeza que la respuesta es: "¡Sí, hay más!".

¿Qué aspecto tiene el más?

Saber qué aspecto tiene el más en su vida es esencial, porque usted tiene que perseguir el auténtico más que le está llamando en vez de una expansión de vida que es meramente un entretenimiento. Por eso es vitalmente importante saber cuál es su más. James tiene cincuenta y un años y tiene un trabajo estable y seguro desde hace ya veinticinco años. Puede mantener holgadamente a su familia. Hay tan solo un problema, y es que no se siente realizado con ese trabajo porque no se siente desafiado. Pero James cree que un hombre de mediana edad no se puede permitir el lujo de dejar un trabajo seguro y bien pagado. Así que se levanta cada día, se viste, se despide de su esposa y sale para pasar otro día en un trabajo que no le satisface pero que está bien pagado. James anhela añadir algo a su vida que le aporte un sentimiento de propósito, pero cree que sus circunstancias actuales determinan el resto de su vida. Su mente práctica le dice que la vida puede ofrecerle tan solo un matrimonio estable y un trabajo seguro que le permite tener un bonito hogar para su familia.

James no sabe qué es ese "algo más" que anhela cuando entabla una amistad con una nueva empleada en su oficina. Carmen está deseosa de aprender el manejo, y James lleva allí el tiempo suficiente como para conocerlo al dedillo. Le intriga el entusiasmo de ella por su trabajo y su deseo de tener éxito. Está impresionado por el deseo de Carmen de conseguir una vida mejor para ella y sus hijos. En unos meses, su amistad comienza a girar hacia una relación íntima que amenaza tanto el matrimonio de James como los trabajos de ambos.

La búsqueda de James de algo más, pero sin una dirección específica, lo llena a una relación extramatrimonial cuando lo que realmente anhelaba era sentirse necesitado. Su auténtico más podría haber venido de enseñar en una clase o aprender una nueva destreza para la mejora personal. Podría haber inventado un artilugio para revolucionar la industria en la que trabaja. James no persiguió su auténtico más con intencionalidad; en cambio, se metió en un desvío destructivo que solo parecía tener algo que ofrecer.

Más allá de lo que puede ver ahora mismo

Antes de que el explorador italiano Cristóbal Colón zarpara desde España en 1492 y se topara con las Américas, los españoles se habían enorgullecido de su desinformada creencia en que su país era el punto más occidental de la tierra firme en una tierra plana. En las primitivas monedas españolas figuraban las palabras *ne plus ultra*, que en latín significa "no hay nada más allá". Ellos creían que no había ningún lugar donde ir después de España, y si alguien se aventuraba a navegar por un mar infinito, ciertamente el peligro le esperaría más adelante.

Estas mismas palabras, *ne plus ultra*, también se han inscrito en las mentes de muchos hombres y mujeres que tienen un gran potencial pero que no se han aventurado a traspasar los límites de sus fronteras autoimpuestas. Viven frustrados porque creen que no hay nada más allá de su actual trabajo, más allá de su actual estado de salud física, más allá de vivir de sueldo en sueldo, más allá de tener un matrimonio que no les llena, o más allá de vivir solteros. E incluso aunque saben que hay más de aquello a lo que están acostumbrados, quizá les paraliza el miedo a lo que habrá más adelante si intentan perseguir más.

La parálisis que nos confina a vivir en espacios pequeños a menudo está arraigada en el temor fomentado por las personas más cercanas a nosotros. Las personas que amamos son a veces culpables de animarnos a vivir en un modo *ne plus ultra*. Quizá un esposo se vuelve aprensivo con el deseo de su esposa de regresar a la universidad y terminar sus estudios. Un amigo íntimo quizá se siente intimidado por el interés que acaba de encontrar su amigo en la iglesia o en una existencia más espiritual. Quizá un padre o madre se siente intranquilo con el deseo de un hijo de irse a otra ciudad o a otro país.

Cuando usted comparte sus sueños con personas que no pueden visualizar más, sus temerosos comentarios pueden causar desánimo. Cuando la gente le anima a vivir una vida que le aporta menos de lo que usted es capaz de lograr, hay por lo general un motivo egoísta. Cuando las personas más cercanas a usted intentan confinar su vida a un lugar pequeño, por lo general no se debe a que sean malas personas o quieran que usted se sienta como un fracasado. La mayoría de las veces tienen miedo a que usted les sobrepase y no tenga espacio para ellos en su vida.

El problema de vivir en el modo *ne plus ultra* es que nuestra naturaleza humana nos empuja a buscar más. No importa las veces que usted diga: "Ya está", su espíritu le está diciendo: "Sigue buscando". La vida que estamos destinados a vivir nos llama y nuestro espíritu se vuelve hacia ella. Espero que preste atención al llamado a vivir en el espacio más grande al que su espíritu le llama.

Descubra la vida *plus ultra*

La creencia de que no hay nada más allá de lo que podemos ver o comprender ha sido una gran falacia en el pensamiento humano a lo largo de la historia. Siempre hay más. Los españoles pensaban que no había tierra más allá de su frontera occidental, pero tras el regreso de Colón del Nuevo Mundo, se vieron obligados a hacer un reconocimiento bastante vergonzoso de que realmente sí había algo más allá.

La leyenda cuenta que Alejandro Magno rompió a llorar porque creía que no había más mundos que conquistar. En la vida, siempre hay más mundos que conquistar. Puede que usted sea director general de una empresa que está desencantado con su éxito porque se le ha olvidado cómo ser una persona íntegra. Solo habla de trabajo. Su *plus ultra* quizá sea mejorar su matrimonio, ponerse en forma, o pasar tiempo con sus nietos.

Para ir más allá de la mediocridad o la frustración de una vida que es demasiado pequeña, debe alinearse con el propósito de Dios para su vida. Usted nació para un propósito concreto, incluso si aún no ha descubierto cuál es ese propósito.

Para encontrar el *plus ultra* de su vida y cumplir su destino, tiene que alinearse adecuadamente con el orden de Dios para su vida. El Arquitecto supremo puso cada parte de usted en su lugar para lograr lo que solamente usted podía hacer como una contribución única a este mundo.

¿Cuál es su *plus ultra*? ¿Cuál es el más que quiere? Se llama Destino.

No puede ganar tan solo jugando a la defensiva

Las personas que están en sintonía con el hecho de que tienen Destino y propósito no son maliciosos en su consecución. Cada uno tiene un destino divinamente señalado, y no tenemos que luchar ofensivamente para conseguirlo. Durante su viaje a Destino encontrará desafíos y luchas, pero la gente no experimenta el verdadero éxito en la vida yendo a la ofensiva para abrirse camino luchando. Los equipos campeones de fútbol tienen jugadores eficaces ofensivos y defensivos. Necesitan un equilibrio, dependiendo de las fortalezas del otro equipo.

Usted luchará defensivamente contra circunstancias que pueden desanimarle o derrotarle. Quizá puede soltar puñetazos contra situaciones que amenazan con tumbarle. Pero si está decidido, no será derrotado. No es fácil vivir su vida apuntando a Destino.

Yo he tenido que involucrarme en algunas peleas. He luchado contra las probabilidades. Luché para trabajar a pesar de obstáculos como no tener dinero para la gasolina o tener un vehículo que no funcionaba. Luché para seguir de pie cuando la vida intentaba tumbarme. He luchado para amar y ser amado. He luchado para levantarme de la cama por la mañana algunos días cuando parecía que no podía soportar mis circunstancias actuales. He luchado para vivir cuando las circunstancias pronosticaban que debería morir. He luchado contra mis dudas y temores. He luchado contra mis inseguridades. He luchado contra personas que me odiaban e instigaban, que mentían y que me traicionaron. He luchado con familiares. Ha habido veces en que he estado en la cama, ¡sin poder dormir porque estaba luchando conmigo mismo! He luchado una buena pelea.

Uno se involucra en una buena pelea cuando tiene que derrotar a las probabilidades porque está decidido a vivir en Destino.

La persona que abandona tras un revés no está apegada al Destino. Estas personas tienen miedo, así que dejan pasar las oportunidades. No quieren ser derribados de nuevo, así que retroceden.

Quizá siempre quiso ser veterinario, pero suspendió la clase de biología. Quizá siempre quiso tener una empresa de servicios pero su primer cliente terminó poniéndole pequeñas demandas. Siempre habrá desafíos y reveses, y nadie está inmune a escurrirse y caer en el camino hacia Destino. ¡Levántese otra vez y vuelva a intentarlo! No se conforme con lo poco en la vida porque piensa que no es lo suficientemente fuerte como para levantarse e intentarlo de nuevo.

Albert Einstein, el físico teórico del siglo XX, soportó algunos reveses. Sus padres estaban preocupados porque tuvo desafíos mentales durante sus años de infancia. Cuando envió la solicitud para ser admitido en la escuela federal politécnica suiza, suspendió en todo salvo en las secciones de matemáticas y ciencias del examen. Einstein tuvo que ir a una escuela de intercambio durante un año antes de poder optar a volver a examinarse y ser admitido en la escuela. Si el hombre que sigue siendo el emblema del estándar actual de genio tuvo reveses intelectuales y educativos y se levantó, ¿por qué no podría hacerlo usted?

Cuando la directora general de Radio One, Cathy Hughes y su esposo se divorciaron, ella compró su parte de la emisora de radio que habían adquirido. Las cosas se pusieron difíciles para Hughes, y durante un tiempo se vio forzada a salir de su apartamento y vivir en la oficina de la emisora para llegar a fin de mes. Pero siguió ahí. En la actualidad, su empresa es la cadena de radio más grande de América con un propietario de raza negra. Radio One también posee un exitoso canal de cable. Hughes es la primera mujer afroamericana en dirigir una firma que está públicamente cotizando en bolsa en los Estados Unidos.

Personas como Einstein y Hughes tuvieron éxito porque rehusaron dejar que las batallas perdidas les impidieran seguir persiguiendo su Destino. El éxito llega a quienes se vuelven a levantar una y otra vez porque están decididos y son imparables. Ellos se levantan y se matriculan en un nuevo curso, incluso después de haber tenido un revés académico. Se levantan después de un desafío matrimonial y van a recibir consejería para arreglar sus problemas. Se levantan después de una bancarrota y ponen en orden sus finanzas. Se levantan después de un aborto natural y vuelven a quedarse embarazadas, adoptan o encuentran otra realización para sus instintos paternales. Se levantan después de una sentencia de cárcel y encuentran maneras legítimas de perseguir su calidad de vida. Se levantan después de haberles roto la confianza y siguen creyendo en la bondad de la humanidad.

El Destino es un viaje, y se caerá unas cuantas veces, y quizá incluso más. La llave que abre la puerta al Destino es su disposición a levantarse después de un retraso, decepción o incluso desastre.

Dicen que el poderoso roble, que puede crecer hasta veinticinco metros de altura y treinta y cinco metros de anchura, es tan solo una nuez que rehusó salir del suelo. La bellota, que raras veces es mayor de cinco centímetros, tiene la capacidad de crecer ¡hasta casi mil veces su tamaño! ¿Hasta dónde puede crecer usted? Las personas que están decididas a perseguir el Destino a veces parecen locas para otros. Quizá usted pueda dar la impresión de estar totalmente loco para otras personas porque no está dispuesto a abandonar. Ellos dicen: "¿Lo vas a volver a intentar? ¿Incluso después de lo que ocurrió?". Sí, incluso después de lo que ocurrió, ¡y antes de eso, y antes de eso! No puede dejar que otras personas decidan lo lejos que usted está dispuesto a llegar para alcanzar el Destino, porque sencillamente no es su llamado. Ellos no lo entienden, ¡así que no se preocupe por ellos!

Sea la nuez que no está dispuesta a salir del suelo, porque cada día le enseña algo. Cada día es un maestro que le trae nuevas habilidades, nuevas experiencias y nuevas exposiciones. Levántese porque hay mucho que aprender al perseguir el Destino. El camino para levantarse e intentarlo de nuevo le da experiencia y le enseña habilidades que le ayudarán a alcanzar su destino. Tiene que estar equipado con las destrezas y la experiencia necesarias para posicionarse hacia su destino.

A veces las habilidades que obtiene en la persecución del Destino tienen más que ver con la formación del carácter y la fortaleza interior que con la adquisición de una destreza en particular. Puede aprender la paciencia y la atención al detalle necesarias para dirigir una empresa de especialidades mientras trabaja en un trabajo básico no especializado. Conozco personalmente que nada de lo que haya vivido habrá sido una pérdida. Todo aquello a lo que ha sido expuesto y todo en lo que tiene experiencia están en el almacén que forma su futuro. Nunca sabe qué pedacito de información o qué experiencia aparentemente insignificante se convertirá en los cimientos de su destino.

Sea inspirado por la gente que le ayuda a subir

Piense en cuántos artilugios se han creado en los últimos cien años contrariamente a los mil años anteriores. Piense en cuántos inventos existen hoy día que ni siquiera se habían concebido cuando usted nació. El potencial que tenían para existir siempre estuvo ahí, pero alguien tuvo que visualizarlo. Alguien tuvo que ver los montones y montones de aserrín tirados en una serrería y ver la creación del aglomerado o los troncos para encender las chimeneas. Johannes Gutenberg tuvo que ver una máquina que pudiera imprimir páginas de textos en masa e inventar la imprenta.

Su viaje hacia su visión no es diferente. Dios le creó con la materia prima que necesita para alcanzar su destino. Lo que puede que falte en su vida es un plano o diseño para dar forma a la materia prima que hay dentro de usted y convertirla en la obra maestra de su vida. Siempre que se vea tentado a pensar que es incapaz o inepto, recuerde que los ingredientes que necesita ya están dentro de usted.

¿Alguna vez ha observado que los inventos parecen alimentarse unos de otros? Cuando se inventa un nuevo artilugio, alguien se inspira mediante ese invento para crear algo más. Hoy día, casi todos tienen una tableta electrónica o un teléfono inteligente, desde los estudiantes de instituto a las abuelas. Estos potentes artilugios electrónicos personales eran impensables tan solo hace dos décadas. En la década de 1990 estábamos aún fascinados con las computadoras portátiles, que fueron inspiradas por la popularidad y creciente demanda de computadoras personales. Cada invención postrera se inspiró en una previa, con cada nuevo invento ampliando la capacidad y las posibilidades de su predecesor. Del mismo modo, la gente se puede inspirar en otras personas para hacer más y ser más. La grandeza inspira grandeza. La creatividad inspira creatividad. Cuando se pone al lado de personas que le inspiran y le ayudan a sacar lo mejor de usted, es cuando encuentra su mejor yo.

Leemos las palabras de las personas que nos inspiran. Vemos sus vidas y modelamos su conducta. Pero no nos equivoquemos pensando que ellos nos dan la capacidad de producir. Ah no, ¡no son ellos! Algunos piensan que emular a quienes admiramos nos hace ser más eficaces y nos garantiza el resultado que ellos muestran. El objetivo no es duplicar la grandeza o el propósito de otro, su destino o creatividad.

Queremos ser exitosos siendo singularmente originales. ¿Acaso no es esta una idea liberadora? Tan solo piense: la libertad de estar en competición solo con sus propios dones y habilidades. Demasiadas personas se miden sobre la base del destino de otra persona. Por consiguiente, tienen una existencia miserable, avergonzados constantemente porque lo que otros hacen les obliga a reinventarse para poder seguir compitiendo. Si usted se apega a su particularidad, formará alianzas con quienes pueden ayudarle a desenterrar su tesoro, ¡y evitará el fracaso perpetuo de intentar ser alguien o algo que verdaderamente usted no es!

Lo máximo que pueden hacer quienes nos inspiran es causar que lo que hay de forma inherente dentro de nosotros suba a la superficie. Esa es la definición de inspiración en su estado más puro. Hace que lo que hay dentro de nosotros fluya hacia arriba. Es importante que tengamos fuentes que nos inspiren mientras nosotros inspiramos a otros. Cuando llenamos a otros de esperanza y ánimo, necesitamos a otros que nos hagan también sacar lo nuestro a la superficie. Recuerde: independientemente de lo productivas que hayan sido nuestras vidas, siempre hay algo más alto que alcanzar. La inspiración es vital para el Destino. Usted se beneficiará mucho de relacionarse con otras personas que tienen una visión para sus vidas y quieren perseguir esa visión.

Los desequilibrios en nuestra vida pueden crear frustración

La vida se trata de equilibrio. Tenemos gozo y tristeza. Inevitablemente hay altibajos. Cuando damos a otros y les ayudamos a mejorar sus vidas, no debemos descuidar el alimentarnos nosotros. Como nos dicen los asistentes de vuelo, debemos primero ponernos nuestras máscaras antes de intentar ayudar a los demás. Algunas veces somos nosotros los que necesitamos poner una máscara a otra persona. Otras veces, quizá necesitamos que otros nos pongan la máscara. Qué frustrante sería estar sentado en un avión que ha perdido la presión en cabina y no tener máscara de oxígeno. Usted ha ayudado a media docena de personas a ponerse sus máscaras, y ahora necesita ayuda pero no hay nadie. Necesita que alguien le ponga su máscara, pero si nadie está dispuesto a ayudar, ¿qué puede usted hacer? Se frustraría tremendamente viendo a todo el mundo sentado con calma y respirando mientras usted no puede respirar porque nadie le ayuda.

Piense en cómo se siente cuando está constantemente dando. Por un tiempo se siente recompensado porque tiene el gozo de ayudar a otros. Pero después de un tiempo vuelve a sintonizar con sus propias necesidades. "¿Y qué pasa conmigo?", quizá se pregunte. Cuando da y da de usted mismo, es importante que se reabastezca pasando tiempo con personas que puedan darle. Si usted es siempre el que da y otro es siempre el que recibe, tiene todas las papeletas para frustrarse. En cambio, si usted es siempre el que recibe, seguirá atado a la frustración porque no hay equilibrio en la relación. Las mejores asociaciones son las que aportan equilibrio en el compartir. Al igual que un matrimonio, a veces usted es el que anima, mientras que otras veces usted es el que necesita el ánimo, que crean en usted y le coronen de honor.

Vea las áreas de su vida que le producen frustración. Descubra la desigualdad que reside en su interior y decida si puede hacer algo para resolverlo. Si son sus finanzas, descubra cómo alcanzar equilibrio mediante un mayor ingreso o menos gastos. Si no está satisfecho con sus relaciones, busque áreas de desigualdad para decidir si las relaciones se pueden mejorar o si son terminantemente desiguales. Cuando toma una decisión consciente de tener equilibrio en su vida, elimina sistemáticamente el potencial para la frustración y la desgracia.

Use lo que tiene para que le ayude a volar

La águilas tienen una visión extremadamente potente. Algunas especies tienen una visión que es casi cuatro veces más aguda que la humana. Pueden detectar su posible presa desde una gran distancia. Las águilas ven una oportunidad para conseguir lo que desean mucho antes de que otros puedan verlo debido a su visión. Cuando el águila otea su presa, va tras ella.

Las águilas también saben cómo usar lo que se llaman térmicas, que son crecientes corrientes de aire cálido y ascendente para ayudarles a planear y conservar su energía mientras vuelan. Cuando las águilas recorren largas distancias, se ponen encima de una corriente térmica y después se deslizan hacia abajo para atrapar la siguiente corriente térmica, donde vuelven a repetir el proceso.

Aprenda la lección de los hábitos de vuelo de esta majestuosa ave. Use lo que Dios ya ha puesto a su alrededor para ayudarle a planear, como las águilas usan estas corrientes de aire caliente. Después posiciónese para volar. Use ese trabajo que no le satisface para conseguir toda la habilidad y experiencia que pueda para planear en un nuevo entorno un día. Las capacidades que obtenga mientras sirve en ese trabajo que no le gusta quizá sean lo que necesita para impulsarle al siguiente nivel. Estar de pie todo el día como vendedor puede desarrollar en usted las habilidades de servicio al cliente que necesita para dirigir el spa que poseerá un día. Sus experiencias como guarda de seguridad pueden inspirarle hacia una carrera en el cumplimiento de la ley. Trabajar como oficial de policía puede despertar en usted un deseo de obtener la carrera de derecho y ser abogado. ¡Use lo que está a su disposición para volar más alto!

No tiene que pasar el resto de su vida preguntándose cómo habría sido su vida si hubiera estado dispuesto a perseverar en su sueño. Destino ya está en su corazón. Lo ha visto en sus sueños o sus fantasías. Quizá se haya preguntado: "¿De dónde vino *eso*?". Puede que lo que imaginó no vino de usted. Quizá fue invitado a un destello divinamente plantado de su futuro. A veces nuestros sueños son tan grandes que no podemos imaginarnos que sean para nosotros. Cuando yo era un niño, las personas mayores en la iglesia solían decir: "Dios no pondrá más en ti de lo que puedas soportar". La mayoría de las veces usaban esta expresión para referirse a tiempos difíciles. Pero también es cierto lo inverso. Dios no le dará una visión o un destino que sea mayor de lo que usted pueda manejar. Respire en la visión que Dios le ha mostrado y sepa que puede lograr todo lo que el Creador le haya asignado.

CAPÍTULO 3

Ordene sus pasos hacia Destino

Decida lo que es importante para usted

¿Quién quiere peldaños? No me gustan los peldaños. Nunca me han gustado, ni siquiera de niño. Cuando era más joven estaba impaciente por subir escaleras, y como tengo las piernas largas, subía dos o tres peldaños a la vez. Encontraba una manera de esquivar a las personas mayores porque era demasiado impaciente para esperar a que ellos llegaran arriba o abajo en su recorrido. Hice esto hasta el día en que me caí subiendo por las escaleras. Esa caída me enseñó a respetar los peldaños. De uno en uno, te llevan al siguiente nivel. Ahora que soy más mayor, no subo los peldaños con tanta prisa. He aprendido que cada peldaño es importante. Cuando era joven, era divertido para mí ver a una persona mayor subiendo de uno en uno, pero ahora que soy mayor he aprendido que la carrera no es para los veloces.

Nadie quiere peldaños. No son atractivos. Intentamos decorarlos con una bonita tarima de madera y barandillas, pero la única razón por la que tenemos peldaños es para llevarnos a un nivel más alto. Si hubiera un modo de llegar a un nivel más alto sin peldaños, lo tomaríamos.

La Biblia dice en el Salmo 37:23 que los pasos de los justos son ordenados por el Señor. La palabra *pasos* implica proceso. Dios ordena los pasos. Eso significa que el Destino necesitará un tiempo. *Pasos* significa que no puede llegar a su destino solo porque quiera, porque le gustaría, o incluso porque tenga que hacerlo. Puede estar de pie en el primer piso de un edificio y mirar hacia arriba por la escalera al siguiente piso todo el tiempo que quiera, pero todo el deseo, esperanza y oración del mundo no le llevarán al segundo piso hasta que usted no decida dar los pasos.

Usted está de pie en el primer piso de su vida. Su vida en el primer piso tiene todo lo básico, y quizá está bien así hasta que ve una escalera hacia los pisos superiores y observa lo que nunca imaginó. Eso es Destino, y quiere subir ahí. Quiere estar en uno de esos pisos superiores. Pero no puede llegar ahí arriba rápidamente. Tiene que dar los pasos.

Quiere acelerar el proceso hacia Destino, llegar a un fin esperado, pero eso no se puede hacer. No hay atajos. No ha manera de saltarse algunos peldaños. No hay elevador a Destino.

Los peldaños no hacen que la vida sea más dura, sino que crean disposición. Dios sabe que una bendición dada demasiado pronto no es una bendición.

Suponga que su hijo de veinte años necesita un medio de transporte. Usted le da las llaves de su nuevo auto, una bendición para él para ir a la escuela o el trabajo. Pero si le hubiera dado su propio auto cuando tenía diez años, probablemente no habría sido una bendición para él ni para los demás que van por la carretera. Diez años antes, el mismo hijo con el mismo auto podría haber provocado un resultado trágico porque no lo podía manejar en ese entonces. Antes de obtener el auto, su hijo tuvo que dar los pasos de la educación para conductores. Tuvo que estudiarse el manual para su licencia de circulación y preparase para el examen escrito. Tuvo que hacer y pasar el examen escrito. Tuvo que practicar conduciendo en las calles y estacionamientos vacíos con un conductor experimentado en el asiento del acompañante para ayudarle. Después tuvo que pasar el examen práctico y recibir su permiso o licencia. Tuvo que demostrarle fiabilidad cuando tomó prestado el auto familiar y lo devolvió cuando prometió, sin arañazos, limpio y lleno de combustible. Hay muchos pasos antes de que ese niño de diez años esté preparado para la bendición que es un auto nuevo para un chico de veinte años. Los pasos son parte de nuestro proceso de maduración. Si obtenemos lo que Dios tiene preparado para nosotros demasiado pronto, no podremos manejarlo.

Respete los pasos, establezca orden

Establecer orden en su vida es una preparación esencial para el Destino. Una vez que ha establecido orden, se despertará cada día decidido a participar en esos principios para perseguir su propósito. Se despertará enfocado porque tiene una agenda. Cuando se despierta con una razón de existir, tiene el deseo de levantarse e intentarlo de nuevo si es necesario y no preocuparse de lo que ocurrió ayer. Los reveses no le harán salir del juego. Las decepciones no le harán quedarse en la cama arropado con la manta hasta la cabeza. Su destino es un llamado diario a levantarse y regresar al juego.

Cuando su vida está ordenada, los reveses y las decepciones se ven como comas y no como puntos que marcan la historia de su vida. Cada día es una nueva oportunidad de vivir su sueño cuando su vida está ordenada para el Destino. Quizá aún no ha llegado ahí, pero cada paso que da hacia allí sigue siendo vivir su sueño. Aún no es un autor de best sellers del *New York Times*, pero escribir para un periódico local sigue siendo vivir su sueño mientras adquiere las habilidades que necesita. No es aún el propietario de su propia boutique de ropa, pero las clases que está recibiendo en marketing de moda le están situando en la dirección del Destino. Día a día y paso a paso sigue trabajando, especialmente cuando los días son difíciles. Cuando vivimos en busca de Destino, cada paso nos posiciona más y más cerca.

No vea lo lejos que está. Respete el viaje en el que está porque le llevará más alto si se apega a él. Respete los sacrificios que está haciendo ahora porque le ayudarán a apreciar sus logros. Mirará atrás a sus dificultades pasadas y respetará, y sí, incluso admirará a la persona que usted era durante el viaje. Puede mirar atrás a la persona que aguantó toda la adversidad que la vida le lanzó pero que aun así siguió avanzando, y animó a otros a mantenerse en el trayecto hacia Destino. Tendrá confianza en usted mismo y contentamiento con la vida porque sabe que está en el lugar al que pertenece.

Cuando era joven, mi madre y mi padre entraron en una tienda muy bonita en Charleston, West Virginia, llamada Goldfarb que vendía dispositivos de iluminación. Mi familia estaba, como dicen los jóvenes, "prosperando", y estaban decorando una casa que acabábamos de construir. Mi madre había buscado entre todas las exposiciones más finas y había visto un conjunto de lámparas muy bonitas que le encantaron. Estaban de oferta a un precio muy bueno, y mi madre realmente quería las lámparas. Mi padre preguntó para comprarlas y descubrió que las había reservado otro cliente. Vi la mirada de decepción en los ojos de mi madre y el gesto mohíno con su mandíbula caída. Supuse que era prudente o bien irse, o conformarse con otra cosa. Pero en lugar de eso, mi padre dijo: "¡Esperaré!".

Yo pensé: "¿Esperar a qué?".

"Si ese cliente no regresa", dijo él, "las quiero". Se sentó en esa tienda, ¡y esperó todo el día! A las cinco de esa tarde, el cliente no había regresado y mi padre compró las lámparas. A pesar de lo bonitas que eran las lámparas, lo que iluminó mi alma fue lo que puede pasar si tenazmente uno persigue ordenadamente lo que quiere.

Tenga paciencia con el proceso

No me gustan los procesos ni nada que tenga trámites interminables. No me gusta el trabajo de oficina. No me gusta esperar en una fila. No me gustan las líneas de teléfono automatizadas con una voz que me dice que presione el cinco y luego presione uno y luego presione… Quizá soy un malcriado por ser el bebé de mi familia. Me gusta que las cosas ocurran. Nunca he querido que Dios ordenara mis pasos. Cuando he pedido algo a Dios, quiero que el Todopoderoso ¡de inmediato! me envíe una bendición, sanidad y oportunidad. Sin embargo, cada vez el Creador ha ordenado mis pasos. Dios no me ofreció los pasos como una opción. Mi Hacedor no me presentó varias opciones entre las que elegir. El Señor ordenó mis pasos.

Al ir creciendo en mi viaje hacia mi Destino, ahora estoy agradecido de que Dios haya *ordenado* mis pasos. Me deja saber que no me estoy moviendo sin dirección, ni tampoco me estoy moviendo por mí mismo. Reconozco que hay un curso que tengo que tomar, un proceso divinamente orquestado. No me puedo graduar y pasar al siguiente nivel hasta que haya tomado y terminado el curso actual.

A veces he orado para que Dios diseñe el curso a mi manera. Eso no ocurrió, y estoy contento. He aprendido que Dios no se lo va inventando según actúa el Espíritu. El Señor ordenó los pasos. Muchas veces fui impaciente y oré para que Dios abortara el proceso. Otras veces oré para que Dios acelerase las cosas, para que pusiera mi vida en modo rápido. He orado para salir de cosas en las que Dios quería que estuviera. Dios sabía que necesitaba la experiencia del proceso. He orado no tener que soportar algunas cosas que el Señor me ha hecho soportar. La sabiduría permitió que el aguante me moldeara. Cuando intenté acelerar el proceso, Dios me frenó, como diciendo: "No, te has saltado este paso. Regresa". Cada vez que vi un destino, Dios *me* vio y ordenó mis circunstancias para prepararme para donde estaba intentando ir.

Acepte el proceso. Su bendición ya está lista. Está hecha. Dios *le* está preparando para la bendición, preparándole para su destino. Debe pasar por el proceso para que pueda manejar lo que vivirá cuando llegue donde quiere ir.

Dios tiene que guiarle a través del proceso para prepararle. Quizá quiere hijos pero no está listo para ser padre. Quizá quiera un cónyuge pero no está listo para el matrimonio. Le está pidiendo a Dios más en su vida, pero tiene que aprender a manejar lo que tiene ahora.

"¡Aguante ahí!" es ánimo para seguir empujando hacia delante en medio de los tiempos de estrés y dificultad, pero es más fácil decirlo que hacerlo. La paciencia es un trabajo duro. Es duro seguir adelante hacia Destino mientras todo a su alrededor parece desmoronarse. Es difícil seguir amando a ese hombre del que se enamoró hace veinte años mientras él está pasando por la crisis de la mediana edad. ¡Usted no se imaginó a un esposo con pendientes y tatuajes! Pero se toma sus votos en serio, así que aguanta ahí. O quizá es un reto para usted levantarse cada mañana, ir a trabajar a tiempo, decidido y con buena actitud, cuando sabe que le están preparando para el despido. Cuando aceptó el trabajo, pensó que se jubilaría en esa empresa. Pero necesita su trabajo, así que aguanta ahí. O quizá siente el dolor de ver a la madre que pensó que era invencible soportar el deterioro mental y físico del Alzheimer. Pero ahora le toca a usted cuidar de ella, aunque ella no le reconozca la mayoría de los días, y usted aguanta ahí. Probablemente ha experimentado un tiempo en el que nada en su vida se parecía a lo que se había imaginado, esperado, orado, planeado y visualizado. "¡Aguante ahí!" es algo que nos frustra oír, pero eso es lo que tenemos que hacer.

Destino significa enfocarse en una visión, ver lo que aún no está ahí. No lo deje ir. Su sueño puede que sea lo único que le emociona, y quizá tiene que guardarlo para usted. ¿Cómo se atreve a tener un sueño? ¿Quién es usted para imaginarse una vida más interesante, con más propósito, más desafiante o incluso más opulenta? No se desanime si nadie lo entiende: tan solo aférrese a su visión, porque sin importar quién sea usted, no llegará allí de la noche a la mañana. Cuando parece que el Destino se le está escapando entre los dedos, cierre su puño de la imaginación y declare: "Es mío y no lo dejaré escapar, ¡no me importa lo que tenga que pasar!".

Muchos renuncian al duro trabajo del proceso. No aguantan porque la vida puede ser muy, muy dura. Se desencantan con el proceso porque no ven resultados. No se dan cuenta de que tienen que crecer y que las circunstancias tienen que desarrollarse. No saben que el roble que imaginaron está en algún lugar de la bellota que recibieron.

El proceso precede al logro. Tenga la tenacidad de soportar el proceso, porque lo que usted aprende le ayudará a sobrevivir cuando llegue a su meta. Si aprende a ser paciente, será coherente en su búsqueda del Destino.

Aunque la Biblia dice que el Señor ordena los pasos del justo, ¡la mayoría de las personas buscamos el elevador! Dios no promete elevadores; el Señor guía los pasos. Los pasos nos fortalecen. Así que ¡vaya por las escaleras y siga por ellas!

Yo pasé años pastoreando una iglesia con poco crecimiento. A menudo me preguntaba si tenía lo necesario para alcanzar a una audiencia mayor. No entendí que mientras yo intentaba edificar una iglesia, ¡Dios estaba intentando edificar un hombre! La única manera de edificar al hombre era ponerlo en un entorno que ejercitara los músculos de su fe y formara su experiencia. De lo contrario, ¡no podría manejar el éxito!

El orden del servicio en Potter's House es muy detallado, al minuto. Un pastor vio el programa de nuestro servicio y dijo: "Los servicios en mi iglesia son más espontáneos. Quizá hay un solo espontáneo o un testimonio". Yo respondí que meramente el número de adoradores en Potter's House necesita un alto nivel de organización. Cuanto más maneje, más se debe preparar. Cuanto más desee, más necesitará el proceso. Cuando le pide más a Dios, acepte que será necesario más orden en usted. Si conduce un bonito auto deportivo o un nuevo híbrido, puede hacer un viraje rápido en el último momento. Pero si conduce un camión de dieciocho ruedas, tiene que prepararse para hacer el giro.

Priorice, enfóquese, ignore

¿Cómo convierte la visión de su corazón, mente y espíritu en realidad para ir a ese lugar al que fue destinado? Necesita orden en su vida personal. Para vivir sus metas debe establecer prioridades, enfocarse en ellas y aprender a ignorar demandas de su tiempo, energía y recursos que estén fuera del llamado de su Destino.

Yo me di cuenta de que si quería cumplir la visión de Dios para mi vida y vivir mi destino, tenía que aprender a aceptar que nuestro Dios todopoderoso creó en mí un recurso limitado. Solo puedo hacer una cantidad limitada en el transcurso de un día o una época de mi vida. Mis varias responsabilidades son esposo, padre, pastor, empresario, etc. No puedo darles a todas la misma atención cada día. No puedo cumplir con las demandas de cada responsabilidad de forma equitativa cada día. Sé que al final de cada día, una de esas áreas se habrá resentido. Algunos días soy mejor empresario que esposo. Otros días soy mejor padre que pastor. Lo importante para mí, no obstante, es que no permito que la misma área de responsabilidad se resienta cada día. Cada día priorizo. Cada día vivo mi destino.

Yo tengo un orden mediante el cual estructuro mi vida. En un día cualquiera, *priorizo*. Decido qué es lo más importante y qué necesita más mi atención. Después de priorizar, me *enfoco*. Pongo toda mi concentración y energía en las tareas y situaciones que he decidido que necesitan más mi atención. Igual de importante que priorizar y enfocarme es la capacidad de *ignorar*. Lo que alguien podría ver como una crisis quizá no sea mi crisis, o puede que no sea una situación que merezca mi atención ese día.

Puede que se esté perdiendo grandes oportunidades porque no ha ordenado lo necesario en su vida para avanzar. Es vitalmente importante que su vida tenga un orden y un ritmo para que no se pierda las etapas de la vida en las que es más productivo y vital. No puede asumir más de lo que pueda hacer y no se puede enfocar en una sola responsabilidad demasiado tiempo.

Cuando mis hijos eran pequeños, les encantaba que yo estuviera en casa. Pero yo sabía que si pasaba demasiado tiempo en casa, no conseguiría dinero para sostener a mi familia. Mis hijos no podían jugar a sus video juegos sin electricidad ¡si yo no pagaba las facturas! No se podrían divertir jugando a las luchas en el suelo si sus estómagos estuvieran sonando por el hambre. Así que a veces tenían que estar un rato sin mí para que yo pudiera poner la comida en la mesa.

Como cada uno de nosotros tiene un destino, es importante que cada uno tenga una estrategia personal para lograr lo que anhela hacer en la vida. Cada uno es único. Cada uno tiene una función y un propósito que ningún otro puede cumplir. Establezca sus propias prioridades personales para que pueda vivir su auténtica vida.

¿Alguna vez ha admirado a un actor en una película o ha tenido un cantante favorito que aparentemente desapareció de la escena? Quizá se haya preguntado incluso por qué una persona dejaría un estilo de vida de fama y adulación. A veces hay personas que se hacen famosas y descubren que no es el estilo de vida que les faculta para cumplir su destino. Algunos cantantes no quieren la presión de crear otro récord de ventas. Solo quieren hacer música. Algunos actores no quieren perder la capacidad de poder ir de compras sin que les acosen los fans. Tan solo quieren la oportunidad de usar sus talentos. Algunas personas abandonan la fama o la notoriedad, pero no porque no tuvieran el talento, sino porque se dieron cuenta de que las presiones de perseguir la fama no encajan en su destino. La fama no es la máxima expresión del Destino; tampoco lo es la riqueza. La mayoría de personas viven su destino sin riquezas o fama. Algunos han afectado muchas, muchas vidas, pero ni se hicieron ricos ni famosos cumpliendo su destino.

Dios no ha diseñado a una persona para que sea mejor que otra. Su destino es suyo. Aprópiese de él y persígalo. No importa dónde haya nacido o cuál sea su actual nivel de educación, ya que puede levantarse para ir donde fue destinado.

No pierda el tiempo comparándose usted o su destino con el de otra persona.

Usted fue creado por una razón. Está vivo por una razón. Persiga esa razón con pasión y viva en su verdadero propósito.

Cuando ve a otros cumpliendo su destino, quizá sienta celos o envidia. Ellos han llegado a un lugar donde usted no ha llegado o cree que no puede llegar. ¡No vaya ahí! Necesita toda su energía para trabajar hacia su propio propósito, incluso si no se ha dado cuenta precisamente de cuál es todavía. Regocíjese con los que están caminando en su propio Destino. Cuando sienta que los celos le superan, recuérdese a usted mismo que tiene un Destino. Dele gracias a Dios por haber diseñado un propósito para usted y por estar de camino hacia el cumplimiento de aquello para lo que fue puesto en esta tierra. Si se ve tentado a sentir envidia, use esos sentimientos para inspirarle a emular, no a odiar. Dígase: "Si él puede hacerlo, ¡yo también puedo!". Piense en lo feliz que estará por usted mismo y lo feliz que querrá que otros estén por usted mientras sube por su propia escalera del éxito.

Piense en su destino y en el de todos los demás de esta forma: imagínese que está corriendo o caminando por una pista para mejorar su condición física. No tiene sentido estar celoso de la persona que le adelanta corriendo por la calle de al lado. Quizá ella lleva entrenando más tiempo. Su nivel de preparación física no tiene influencia en el de usted, así como el de usted no tiene influencia en el de la persona que va por la otra calle a la que usted acaba de adelantar. En vez de estar celoso, hágale un cumplido. Descubra cómo mejoró su condición física y dispóngase a hacer lo mismo, porque los celos necesitan una energía que sería mejor que guardara para edificarse a usted mismo.

Dios quiere que usted *priorice, se enfoque* e *ignore* para que pueda llegar al lugar en donde debería estar. Cuando tenga sus prioridades en orden, podrá enfocarse en ellas y prestarles la atención que merecen porque sabe lo que es importante. Cuando usted sabe lo que es importante, puede ignorar las cosas que solo pueden distraerle de llegar a su Destino.

Adquiera la habilidad de priorizar sin culpa

El Destino es una búsqueda deliberada. Para posicionarse hacia el Destino, tendrá necesariamente que entender que ciertas acciones, conductas y relaciones son esenciales, contrariamente a cosas que son tangenciales. Puede invertirse en muchas cosas buenas que no tienen nada que ver con llegar a su destino. Si quiere ser radiólogo, puede ofrecerse como voluntario en un hospital y hacer un gran trabajo ayudando a personas, pero ser voluntario no le ayudará a aprobar su examen médico MCAT, ser aceptado en la facultad de medicina, ni le ayudará a sacar buenas notas una vez que consiga entrar.

Puede relacionarse con muchas personas buenas, pero si van por la vida sin dirección y animándole a usted a "relajarse" y dejar de estresarse por su futuro, quizá sea bueno que vuelva a pensar en sus relaciones. Su mejor amigo del instituto podría ser una distracción de su Destino. Su viejo amigo del servicio militar podría ser un freno para su Destino. Sus compañeros de trabajo que le invitan a salir con ellos después de trabajar podría interferir en su Destino. El novio que le demanda todo su tiempo y quiere que usted no tenga otros intereses externos podría estar obstaculizando su camino hacia el Destino.

La dificultad para establecer prioridades a veces reside en el hecho de que la mayoría de nosotros hemos sido condicionados a ayudar a otros y no ser egoístas en la vida. Las personas a veces pueden intentar hacerle sentir culpable por decirles no porque lo que quieren no es lo que usted ha priorizado. No es egoísta priorizar su vida para cumplir el Destino. De hecho, es lo menos egoísta que podría usted hacer. Dios tiene una cita para usted, para servir a la humanidad de la mejor forma posible. Por lo tanto, usted se lo debe a sí mismo, a otros, y al Creador priorizar su vida como preparación para el Destino.

La vida está llena de distracciones, algunas positivas y otras amenazadoras, así que priorizar su vida le mantiene en curso y simplifica el proceso de seleccionar cuando las circunstancias o las personas intentan desviarle de su meta. Determine sus prioridades y escríbalas. Escribir es una herramienta poderosa porque puede volver a lo que ha escrito y ver si aún está en el camino correcto. Algunas de las distracciones de la vida son inevitables. Es posible desviarse legítimamente cuando está avanzando hacia el Destino. Tener un hijo puede hacerle priorizar, por un tiempo, para poder cuidar y atender al bebé. Un padre u otro ser querido podría enfermarse y necesitar un cuidado constante. Es comprensible que tenga que cuidar de un ser querido, y ningún hijo o ser querido enfermo debería hacerle sentir culpable por esas circunstancias.

Priorizar su vida significa hacerse dueño de su visión para el Destino. Es suyo y de nadie más, así que ordene su vida para lograr lo que desea. Los seres humanos deben estar en orden para operar como las criaturas eficaces, influyentes y capaces que Dios creó. Al adueñarse del Destino, estará más cómodo al determinar los pasos, acciones y personas que apoyan su visión. No todos lo entenderán, así que supere eso. Mamá y papá quizá no lo entiendan. Su hermano gemelo puede que no lo entienda. Su socio en el trabajo quizá no lo entienda. No es la visión de ellos, así que no espere que lo entiendan. Dios no se la dio a ellos, así que ellos no pueden ver lo que Dios le ha mostrado a usted. Ellos no sienten la emoción corriendo por sus venas cuando usted habla de la visión. Francamente, no lo entienden. Algunas personas pueden ser rotundamente desalentadoras. "¿Para qué pierdes tu tiempo en eso?". "¿Todavía estás con esa tontería?". "¿Aún no estás preparado para olvidarte de eso?".

Como no pueden ver la visión que usted tiene, las personas pueden desviarle de su curso, aunque no expresen directamente su oposición a la visión que usted tiene. No lo hacen intencionadamente, sino que sencillamente tienen otros planes para su tiempo y para su vida. Su hermana quiere que compre una multipropiedad con ella. Su esposa piensa que debería entrenar en una liga menor. El maestro de su hijo le ruega que se presente como candidato para presidente de la Asociación de Padres de Alumnos. Su hermano de la fraternidad quiere que ahorre algo de dinero y le acompañe a la próxima convención nacional. A las personas no les cuesta demandar su tiempo, pero usted no tiene tiempo para lo que hay en la agenda de ellos porque se está estirando hacia el Destino.

Puede emplear su tiempo haciendo grandes cosas. Eso es lo que hace que priorizar sea esencial. Podemos hacer grandes cosas para ayudar a otras personas, nuestra comunidad, nuestra iglesia o incluso nuestros familiares, pero priorizar le ayuda a reconocer si puede invertir tiempo y energía en esas grandes obras aparte de su visión. Priorizar le impide permitir que otros distraigan su atención de perseguir el Destino.

Nunca llegará a su destino si no puede mantenerse enfocado en sus verdaderas prioridades. ¿Significa eso que no debería proveer adecuadamente para su familia porque está persiguiendo su sueño? ¡Claro que no! No mantener a su familia por estar consumido con la egoísta persecución de un sueño es inadmisible. No significa que no se preocupe de conseguir un techo para cobijar a sus hijos. Significa que durante un tiempo las vacaciones familiares podrían ser viajes de tres días a un parque de atracciones cercano en vez de una semana en Hawái.

He visto a personas que han estado intelectualmente, emocionalmente, espiritualmente, económicamente o profesionalmente a punto de morir. Viven y trabajan en soporte vital. Existen en lugar de vivir. Sí, tienen algunos momentos felices, pero son pocos. ¿Alguna vez ha pasado tiempo con una persona enferma terminal? A medida que la persona hace la transición hacia la eternidad, experimenta breves momentos de conciencia y breves momentos de gozo. No tiene la energía para involucrarse en la vida.

Conozco a personas que están vivas pero no tienen vida en su interior. La luz de la vida se ha apagado o nunca se encendió porque no supieron priorizar y perdieron oportunidades. Cuando ve a personas perder oportunidades, eso le ayuda a entender la importancia de establecer prioridades. Los vocalistas que se toman en serio su carrera de cantantes saben que tienen que perseguirla mientras son jóvenes porque raras veces las compañías discográficas aceptan a artistas con más de treinta años. Si los cantantes pierden esa oportunidad durante su juventud, quizá nunca la vuelvan a tener. No quiero decir con esto que no vayan a llegar otras oportunidades, pero al margen de cuántas oportunidades tengan las personas, si no priorizan su vidas para el Destino, sencillamente seguirán perdiendo posibilidades.

¿Es usted evidencia viva de una vida ordenada?

Cuando era pequeño, a menudo oía a personas decir en la iglesia: "Dios hace las cosas decentemente y con orden". Realmente no sabía lo que significaba entonces, pero ahora lo sé. El propósito de Dios para su vida no puede manifestarse en medio del caos. No puede llegar al lugar de su destino si está constantemente saliéndose del carril. No puede alcanzar el propósito de su vida cuando todo en su vida carece de disciplina, y está distraído y desordenado.

Una definición que da el diccionario de *desordenado* es "lioso". ¿Alguna vez ha sentido que su vida es un lío? Su vida no es un lío debido a situaciones que están fuera de su control. Su vida es un lío porque no ha sabido priorizar el manejo de esas situaciones. Cuando usted prioriza las cosas importantes en su vida, la gente que no es buena para usted no recibe su atención. Todo su tiempo es necesario para sus prioridades. La amiga que le anima a engañar a su esposo dejará de serlo cuando su matrimonio es una prioridad. Al igual que el amigo que piensa que la vida consiste en ser un holgazán, cuando su prioridad es el Destino. El jefe que le amenaza con despedirle si no miente en su informe será parte de su pasado cuando la integridad es una prioridad. Los hábitos que le resultan un obstáculo hacia su Destino se superan: el consumo de drogas, la adicción a las compras, el hábito de chismorrear. Lo que no le ayuda a seguir en su viaje hacia el Destino se deja, sin pedir disculpas. Si se siente culpable por establecer prioridades y liberarse de los obstáculos, es probable que no llegue a Destino.

He visto a muchas personas con talento no alcanzar todo su potencial por no poder establecer prioridades. Tienen miedo de herir los sentimientos de otras personas. No quieren que nadie se enfade con ellos. Quieren que personas que ni siquiera importan les acepten. Tienen miedo a darle más importancia al Destino que a la presión de los iguales.

Hace unos años, varias revistas y periódicos contaban la historia de Ted Williams, apodado "el hombre sin techo con la voz de oro". Ted tuvo la bendición de tener una voz radiofónica enviada del cielo. Tras despegar en una prometedora carrera en la radio, las prioridades de Ted se torcieron. Las drogas y el alcohol le apartaron. Después de años de vagabundear por la calle y adicción, un periodista de Columbus, Ohio, grabó a Ted y su voz de oro pidiendo por las calles. El video se hizo viral y Ted recibió un aluvión de ofertas para trabajar como voz en off en la televisión, en la radio y en la Internet. Personas donaban a una página web especial creada para él porque no querían ver su gran talento desperdiciado. Recuerde siempre que a la gente le encanta estar detrás de un ganador. Incluso en esta era de escepticismo y desconfianza, la gente sigue estando dispuesta a dar, apoyar y proveer una pierna para la gente a fin de verles llegando a ser lo máximo que puedan.

La melodiosa voz de Ted y su talento natural no fueron suficientes para lanzarle hacia el lugar en el que anhelaba estar cuando era un joven estudiante universitario. De algún modo, se alineó con actividades, personas y situaciones que estropearon su prometedora carrera. Su talento no fue suficiente para salvarle de una falta de prioridades y de las malas decisiones resultantes.

Cuando su vida no está en orden, siente inquietud. Una pequeña pelusa en el ojo puede provocarle un dolor increíble. Unos pequeños granitos de tierra en el carburador de su vehículo pueden romper todo el motor. Cuando se maneja por la vida peligrosamente, sin priorizar, tiene una in-quietud causada por cosas sin importancia que están ocupando el lugar de lo que es importante para su destino.

Ordenar su vida lleva tiempo

El plan de Dios para su vida es tan maravilloso, tan increíble, que tiene que recibirlo por etapas. El Todopoderoso no puede mostrárselo todo ahora mismo. Quizá le asustaría, así que tiene que recibirlo por partes para digerirlo bocado a bocado. Mientras lo está digiriendo, ponga en orden sus asuntos para recibir toda la revelación del Destino. Estas cosas llevan tiempo. Ahora es el tiempo de ordenar su vida y establecer bien sus prioridades. Así, mientras se despliega el Destino, use ese tiempo para ordenar su vida y estará listo para recibir la vida que le espera. Así como una mamá águila da tiempo a sus polluelos para aprender a flexionar sus alas y navegar por las corrientes de aire que les llevarán, Dios le da tiempo para aprender y crecer.

Cualquier transición en la vida necesita tiempo. Hay una razón por la que la gente contrata entrenadores personales. Cuando usted se toma en serio el hecho de estar físicamente en forma, reconoce que necesita un plan. Cuando entra en un club de salud, necesita un plan para que todos los músculos de su cuerpo se desarrollen. Un entrenador personal le ayuda a establecer un orden para su rutina de entrenamiento, según las metas de salud que haya establecido y los resultados que quiera conseguir. Cuando tiene un plan en marcha, llegar al nivel de forma física que quiere llevará tiempo. Entonces, un entrenador le ayudará a mantenerse en su camino si se ve tentado a desviarse.

Establecer sus prioridades es como tener un entrenador personal. Priorizar le guía para mantenerse en su camino hacia Destino. Entonces, ordene su vida sobre la base de esas prioridades. Una vida ordenada está en sintonía con el ritmo de la vida. Cuando su vida está en orden, es más probable que preste atención a los sutiles cambios que pudieran estar señalizando un gran cambio o movimiento en su vida. Cuando su vida es caótica, es posible que se produzcan grandes cambios a su alrededor, pero usted los desaprovecha porque no puede enfocarse en lo que está sucediendo justo delante de usted.

Quizá su vida esté en un caos total ahora mismo, pero eso tan solo significa que ahora es un buen momento para comenzar a establecer prioridades. No puede cambiarlo todo a la vez y no puede cambiarlo todo rápidamente. Comience solamente con un área de su vida. Quizá quiera comenzar creando un presupuesto, o quizá tan solo un presupuesto para un aspecto de sus finanzas. O comenzar un programa de ejercicio. O reducir un par de tarjetas de crédito a la mitad. O leer un libro para mejorar sus habilidades en la profesión que quiera perseguir. La clave es empezar. Ordenar su vida no sucede por arte de magia. No hay juegos de manos, tan solo una firme dedicación a continuar en la tarea diariamente.

Los seres humanos funcionamos mejor cuando hay una estructura en nuestras vidas, pero a menudo se requiere tiempo para ordenar su vida. Se necesita tiempo para conseguir el sentido y la madurez necesarios para saber quién es usted y quién no es. Se necesita tiempo para saber en qué tiene que enfocarse o en qué cosas tiene que invertir sus energías. Se necesita tiempo para reconocer lo que es esencial y lo que es trivial.

Cuando supe que no estar enfocado solo servía para alejarme de mi propósito más grande, encontré formas de ordenar mi vida. Revise cada relación, cada tarea, cada asociación, cada inversión económica y cada inversión de tiempo para decidir si le serán de utilidad en su viaje hacia Destino. Después, prepárese para reducir las cosas que no le benefician en su progreso. El proceso de reducción puede ser difícil, pero véalo como una decisión de vida o muerte. Quizá descubra que cuando prioriza, no necesitará hacer muchos recortes porque la gente al final de su lista a menudo se apartará de usted. Decidir apartar asociaciones y acciones que no merecen su enfoque significa dar vida al Destino. Mantenerse en situaciones, conductas y personas que no están en sus prioridades solo puede bloquear su camino hacia Destino.

Usted decide. ¿Dará vida a su sueño o permitirá que muera por negligencia? Es absolutamente cierto que tiene citaciones divinas que cumplir, pero no es automático y no está garantizado. Usted es el jugador estelar que debe entregarse por completo al proceso de llegar a ser.

Entienda el poder de tomar buenas decisiones, y no decisiones rápidas. Una vez oí a un orador motivacional aconsejar esto a su audiencia: "Cuando no sepa lo que hacer, haga algo". Mientras escuchaba, pensé que era el consejo más equivocado que había oído jamás. Usted no puede hacer algo y esperar que funcione porque quizá afecte a los siguientes veinte años de su vida. Usted no se puede levantar y decidir casarse, o mudarse a otra ciudad, o comprar una casa nueva basado en un pensamiento rápido o impulsivo y esperar conseguir el mejor resultado.

Debería haberse dicho para sí: "Bueno, es el momento de casarme. Tengo treinta y dos años". Así que se casa con Willie. Pero durante los siguientes veinte años, se siente triste y desgraciada. Está enojada con Willie y le critica constantemente. Pero realmente no está enojada con Willie, sino consigo misma por tomar una decisión impulsiva que ha afectado su vida, la vida de Willie y las vidas de los hijos que pudiera tener. Willie podría haber sido el hombre soñado de cualquier otra mujer, pero en cambio se ha convertido en su pesadilla porque se casó con él sin pensarlo bien. Ordenar su vida con decisiones del Destino lleva tiempo.

Nunca hay un momento conveniente

Los aguiluchos nunca sienten que es el momento de salir del nido y avanzar hacia su destino. Pero sus padres saben cuándo es el momento. La mamá águila comienza a llevarse las hojas y el relleno que había colocado sumisamente en el nido como preparación para su nacimiento. Los observa mientras rompen el cascarón y crecen. Dejado a su suerte, un aguilucho quizá nunca saldría del nido, sino que se mantendría contento de dejar que mamá siga trayéndole la comida. Pero la madre sabe cuándo se acerca el tiempo. El proceso de las águilas que aprenden a volar no es tan despegado como algunos podrían pensar. Mientras el aguilucho aprende a dar los pasos y agitar sus alas como preparación para ese primer vuelo, los padres raras veces están lejos. Incluso a veces ven cuando sus aguiluchos practican el movimiento de sus alas y prueban la rama sobre la que se posan. Los aguiluchos están preparándose mientras sus padres observan.

Como las águilas, Dios no le saca de su zona de comodidad y se aleja. Mientras usted prueba su fuerza e intenta navegar hacia donde nunca antes ha estado, Dios se mantiene cerca observándole para que no fracase.

Quizá usted siente que no es el momento de un cambio en su vida. Puede que no le parezca un buen momento para cambiar sus prioridades o comenzar a reordenar planes de vida. Quizá no sea el momento adecuado para cambiar de trabajo, volver a estudiar, mudarse a otra ciudad, poner fin a una relación malsana o cambiar sus hábitos de gasto. Es entonces cuando Dios comienza a deshacer el nido, a iniciar la alteración para que usted se mueva.

Piense en los grandes cambios que han ocurrido en su vida. ¿Se produjo alguno de ellos en un momento conveniente? Cuando usted entiende que su tiempo y el tiempo de Dios son distintos, está en una disposición mejor para aceptar los inconvenientes de la vida. La bancarrota podría ser el orden que usted necesita para establecer un buen plan financiero para el futuro. El momento de los eventos que suceden en su vida podría ser malo según lo que usted entiende ahora mismo. Quizá pierde su trabajo dos semanas antes de Navidad, y ese le podría parecer el peor momento, pero el tiempo puede ser totalmente irrelevante para el Destino. Un inconveniente presente podría ser necesario para un beneficio a largo plazo.

El momento de cambiar sus prioridades en la dirección del Destino nunca es conveniente. Siempre habrá una razón para postergarlo para después. Siempre habrá alguien que se enoje con usted por priorizar su vida de una forma que afecte lo que él o ella quiere que usted haga. Quizá su primo dejará de hablarle porque ya no puede cuidarle a su hijo, pero esa no es razón para que usted no se inscriba en un curso de clases nocturnas. Sus hijos quizá se enojen con usted por establecer un presupuesto para la familia, pero no puede dejar de ahorrar para su educación universitaria por eso. Quizá su hermana le deja de hablar porque dejará de pagarle su renta, pero puede que sea el momento de que usted deje de hacer que la renta de ella tenga mayor prioridad que asegurar su propio futuro financiero. Quizá alguien a quien usted consideraba amigo le dejará tirado porque dejó de salir tanto con los amigos para estar más tiempo con su novia. Priorice sus relaciones y descubrirá quiénes son sus verdaderos amigos.

Siempre encontrará excusas para esperar. Su decisión de priorizar el Destino siempre hará que alguien se enoje, pero mejor que la persona se enoje con usted y no que usted se enoje consigo mismo. Le garantizo que terminará siendo una persona enojada el día que se despierte espiritualmente y se dé cuenta de que se ha adherido a las prioridades de todo el mundo menos a la suya propia. ¡Su principal prioridad es una cita con el Destino!

◄◊►

CAPÍTULO 4

Destino se deletrea P-R-I-O-R-I-Z-A-R

Alinee sus relaciones, dinero y pensamientos con su destino

Cuando usted entiende los pasos necesarios que le llevarán al siguiente nivel, la única forma de poder sentirse contento con su vida es si está dispuesto a vivir según las prioridades que ha establecido. Otras personas quizá no entiendan sus decisiones o su estilo de vida, e incluso le ridiculicen por ellas, pero cuando usted sabe por qué está tomando ciertas decisiones, sus críticas no importan. Quienes le odian no importan. Su felicidad vendrá de establecer las prioridades que necesita para la visión que ha encontrado.

Eso no significa que no vaya a tener momentos de frustración. Eso no significa que no vaya a rendirse a veces. Significa que cuando su vida esté priorizada de una manera que tenga sentido para usted alcanzar el Destino, experimentará una satisfacción evidente y un verdadero contentamiento.

Mientras otras personas están buscando la satisfacción en las cosas, en la gente o en el estatus social, usted tiene la oportunidad de tener verdadero gozo y contentamiento al tener sus prioridades en orden. Sus prioridades son correctas cuando toma decisiones que le llevan hacia el Destino. Por lo tanto, ¿qué ocurre si su teléfono celular es aún de los que se abren y no tiene pantalla táctil? ¿Qué ocurre si la cita para la noche consiste en una pizza congelada y un DVD de dos dólares de una máquina expendedora? ¿Y qué si sus zapatos no tienen la suela roja y no tiene una bolsa de mano con el nombre de alguien escrito? ¿Qué ocurre si no lleva un traje y corbata para trabajar? ¿Qué ocurre si usted deja pasar una cita para estar en casa y ayudar a sus hijos con su álgebra? ¿Qué ocurre si deja de estar con personas sin visión que no tienen planes para su futuro y no quieren que usted tampoco los tenga? Cuando toma decisiones sobre lo que es mejor para usted según sus prioridades, es mucho menos probable que se preocupe de los críticos comentarios de personas que no tienen nada que ver con su destino.

Priorice sus relaciones

Hablé en Ghana a un grupo de directores generales, políticos y líderes de fe sobre la importancia de las relaciones. Cualquiera que entienda de negocios sabe que la habilidad para formar y mantener relaciones con clientes, representantes, plantilla y otras empresas es un requisito previo para el éxito empresarial. Si no puede formar relaciones, se está destrozando. Formar relaciones es algo que lleva un tiempo que a menudo la gente no está dispuesta a dedicar, en parte porque el tiempo es un recurso limitado para todos. La mayoría, en un momento u otro, ha empleado muchas energías, tiempo y esfuerzo invirtiendo en relaciones que dan poco a cambio. No me refiero necesariamente a una recompensa monetaria. Me refiero a avance, crecimiento o alineación con su visión. Preferiría que usted gastase mi dinero antes que mi tiempo. Yo creo firmemente que debe cuantificar el tiempo que emplea en sus relaciones que quizá no sea destructivo pero que a la vez podría ser contraproducente para lo que está intentando lograr. No basta con invertir dinero en su destino si malgasta el tiempo.

El verdadero barómetro para ayudarle a evaluar las relaciones en las que invertir debe centrarse en esta importante pregunta: ¿Cómo encaja esta persona en mi destino y propósito? Si manejase su tiempo con el mismo sentimiento de obligación fiduciaria que su dinero, vería una recompensa mucho mayor. Las personas que verdaderamente están involucradas quieren saber: "¿Dónde encajo yo en su vida y destino?". Hasta que esta pregunta no tenga respuesta, buenas personas le dejarán ¡porque no pueden vivir en el desbarajuste de su indecisión! Para maximizar los años que le quedan, ¡arregle el desbarajuste!

Las prioridades quizá nos demanden que encontremos nuevas amistades y socios. Sea selectivo y escoja cuidadosamente sus asociaciones. Priorice a las personas con las que pasará tiempo y sepa por qué están en su vida. Su viejo amigo del instituto quizá no sea las mejor persona con la que deba asociarse. Quizá usted es del "barrio" e intenta demostrar que no se ha olvidado de cuáles son sus raíces. Los viejos conocidos podrían incluso acusarle de olvidarse de dónde viene. Estar en contacto con la antigua pandilla del "barrio" no es un requisito para el Destino, y no tiene que demostrarle nada a nadie. A veces simplemente tiene que alejarse de personas y relaciones malsanas. Cuando dan a exdelincuentes libertad condicional, muchas veces hay estipulaciones en cuanto a personas con las que pueden pasar tiempo para reducir las probabilidades de que repitan un delito.

Lo primero a la hora de decidir qué se queda en su vida y qué sale es determinar qué le nutre y qué le fortalece. Aunque es bonito ser altruista, muchos intentan ayudar mientras no son capaces de ser fuertes ellos mismos. Si usted se ha desviado y ha perdido tiempo, momentos, y ha tenido fallos y retrasos, antes de poder ayudar con su corazón tiene que estabilizar su cabeza. Tomar decisiones que invierten antes de tomar decisiones que extraen es crítico para la supervivencia, ya sea en las finanzas, en las relaciones o en el manejo del tiempo. Finalmente, queremos tener éxito para poder marcar una diferencia en las vidas de otros. Pero antes de poder ser exitosos, tenemos que ser un superviviente.

Para pasar de la supervivencia al éxito debemos comenzar invirtiendo en lo que invierte en nosotros. Apueste por las relaciones que apuesten por usted. Sé que suena de sentido común, pero no es tan común. Tiene que tener alguien que pueda alimentarle para que usted pueda alimentar a otro. Muchas personas alimentan a personas que no pueden alimentarlas, mientras fracasan por completo nutriendo a los que realmente desean alimentarlos. Cuando Deuteronomio 25:4 dice: "No le pongas bozal al buey para impedirle que coma mientras trilla el grano", ¡simplemente significa que alimentemos lo que nos está alimentando a nosotros! Si usted está alimentando a personas que no pueden alimentarle a usted, es cuestión de tiempo hasta que esa constante alimentación por parte de usted termine por agotarle. No siga alimentando a las mismas personas durante años y años. Sea intencional respecto a la gente a la que está conectada.

Si quiere vivir como un hijo de Destino, interactuará con tres tipos básicos de personas.

El primer tipo de persona, y el más importante que se encontrará, es el confidente. Tendrá muy pocos en el transcurso de su vida. De hecho, si encuentra dos o tres en toda su vida, habrá sido muy bendecido. Los confidentes son las personas que le aman incondicionalmente. Están con usted. Le respaldan ya sea que usted se encuentre arriba o abajo. Están con usted a largo plazo. Si se mete en problemas, no le abandonarán. Los confidentes llegarán a sacarle de la cárcel. Le sacarán de una casa de drogas y le amarán durante todo el proceso. Necesita un buen confidente para llegar a Destino.

Los confidentes están para usted y con usted e íntimamente involucrados en su vida. Están a su lado para asegurarse de que usted llegue a Destino. Le desafiarán y confrontarán para que siga en el camino hacia Destino. Se meterán en sus cosas y le hablarán a la cara si creen que ha perdido el norte. No tienen miedo de decirle algo cuando se equivoque y afirmarle cuando lleve razón. Sin ellos, nunca llegaría a ser la persona que Dios le llamó a ser.

El siguiente tipo de persona que se encontrará es el de los electores. Probablemente tendrá muchos de ellos en el transcurso de su vida. Los electores no están con usted; más bien, están en aquello para lo que usted está. No están para *usted*, ni les importa su destino. Pero mientras usted esté para lo que ellos están, caminarán y trabajarán con usted. Pero ahí se termina. Nunca piense que están en su equipo para quedarse a largo plazo. Los electores no son confidentes. Entienda la naturaleza de los electores, porque estas son las personas que se apartarán si encuentran a alguien más que les ayude a avanzar sus planes.

Los electores están siempre buscando un trato mejor. Le abandonarán para engancharse con otra persona que les sirva mejor para su propósito o necesidad. Pero si entiende quiénes son los electores y el papel y propósito que tienen en su vida, no se entristecerá mucho cuando se alejen. Nunca estuvieron en su vida por usted; estuvieron en su vida porque percibían que usted y ellos estaban para lo mismo. Estaban con usted mientras usted estuviera para lo que ellos estaban.

A lo largo de su vida es esencial que no se quede atrapado en el bombo publicitario de un electorado. Cualquier político puede decirle eso. ¿Alguna vez ha visto a un político popular caer de la gracia de su electorado? Es sorprendente observar a medida que las transgresiones de una querida figura política salen a la luz. De repente y de forma muy rápida, los que antes apoyaban comienzan a retirarse. Tenga cuidado de no confundir a sus electores con sus confidentes, en especial en momentos en los que esté quebrantado. Los electores le engañarán porque después de que se haya enamorado de ellos, le romperán el corazón al abandonarle para conectar con otra persona que esté ahí para lo que ellos están.

El último grupo que encontrará es el de los camaradas. Ellos no están ahí por usted, ni por lo que usted hace. Están contra lo que usted está en contra. Los camaradas constituyen fuertes asociados. Harán equipo con usted, no para que usted pueda llegar a su destino, sino para luchar contra un enemigo común. No se deje engañar ni se confunda por la cercana conexión. Ellos solo estarán con usted hasta que se produzca la victoria. Los camaradas son como el andamiaje. Llegan a su vida para cumplir un propósito. Le dan su apoyo por un tiempo, pero ese tiempo solo durará mientras exista el enemigo común. Cuando se termina el propósito, se desmonta el andamiaje. Pero no se decepcione cuando se quite el andamiaje, porque el edificio sigue en pie.

Priorice sus asociaciones con confidentes, electores y camaradas. Espere que los electores y camaradas le dejen después de un tiempo. Y por favor, no se decepcione cuando no reaccionen a su sueño como usted esperaba que lo hicieran, porque nunca estuvieron ahí por usted ni con usted desde un principio. Ahora quizá esté pensando que sería más fácil evitar tanto a los electores como a los camaradas, pero no es así como funciona el mundo. Lo único que tiene que hacer es tener cuidado y priorizar sus relaciones conociendo la posición y el papel que desempeñan las personas en su vida. Por ejemplo, tenga cuidado de a quién le cuenta su sueño, porque si les cuenta su sueño a sus electores le abandonarán e intentarán cumplir el sueño sin usted. Si se lo cuenta a sus camaradas, no le apoyarán porque de todos modos nunca estuvieron ahí por lo que usted estaba. Busque a las personas en su vida con las que sea seguro compartir su sueño. Y si encuentra solo unos pocos durante toda su vida, sin duda habrá sido bendecido.

Si está saliendo con una señorita que le riñe por no tener las cosas materiales que usted ha demorado en comprar para cumplir su sueño, quizá sea solo una electora. Si su vecino nunca le ha tratado amablemente pero acude a usted porque quiere su ayuda para ganar una demanda que afectará negativamente a su vecindario, no se emocione en exceso. Probablemente sea tan solo un camarada. Cuando se supere el proyecto de ley, después de la elección, volverá a ignorarle.

Usted puede separar a sus camaradas y electores de alguien que tenga el potencial de ser un confidente con una sencilla prueba. Si alguien está realmente con usted, llorará cuando usted llore y se alegrará cuando usted se alegre. Si comparte alguna buena noticia con alguien y no se alegra con usted, ¡deje de contarle sus cosas! Inténtelo alguna vez: si entra en una habitación y le cuenta a alguien las cosas buenas que le están ocurriendo, deje de celebrarlo pronto para poder ver su reacción. Si no se alegra por usted, cierre su boca, dese la vuelta y salga por la puerta. Comparta su sueño con personas que quieran que usted tenga éxito.

Priorice sus finanzas

El viaje a Destino incluye cada parte de su vida, especialmente sus finanzas. Los consejeros financieros le dirán que pueden mirar el estado de cuentas de su banco y saber cuáles son sus prioridades. ¿Qué dice la cuenta de banco de usted? ¿Da la impresión de tener un millón de dólares con solo unos pocos dólares en el banco y nada ahorrado para la jubilación? ¿Apenas puede hacer pagos mínimos con sus tarjetas de crédito? ¿Están todas sus tarjetas de crédito en su saldo máximo?

Los consejeros financieros tienen una frase que dice que si está sentado sobre sus bienes, sus prioridades están todas equivocadas. En otras palabras, si todo su ingreso discrecional se gasta en ropa cara, o autos, o bolsos y no tiene dinero ahorrado para un día difícil o la jubilación, sus prioridades están mal colocadas. Priorice sus gastos para que todo su dinero no se gaste en cosas que se devalúan. Piense en el teléfono celular que tiene. Si tiene uno de los últimos teléfonos inteligentes, probablemente pagó un suplemento por ello. ¿Cuánto vale ahora? La tecnología cambia rápidamente, así que el teléfono por el que pagó 350 dólares hace un año ahora solo vale 150 dólares.

Mire cómo gasta su dinero. ¿Está obsesionado con los últimos aparatos electrónicos? ¿Puede conducir un auto durante años después de haberlo pagado del todo? ¿Puede vestir ropa que no venga de ciertas tiendas? No hay nada de malo en comprar calidad, pero la ropa que viste y el auto que conduce nunca podrán hacerle grande. El destino no tiene nada que ver con impresionar a otras personas con las cosas que posee. No necesita una imagen que usted creó para llegar a Destino. Usted fue creado a imagen de Dios, y esa es la única imagen que importa.

Muchas personas escogen invertir su tiempo en dar la

imagen de que lo han conseguido, en vez de invertir el tiempo en las cosas que les ayudarán a conseguir un éxito genuino. Invierten en bienes que se devalúan para poder "estar a la altura de los García", solo para descubrir que su casa fue expropiada. ¿Es más importante tener el último auto de lujo o enviar a sus hijos a la universidad?

Priorice sus gastos para poder estar libre para viajar por la carretera del Destino. No puede ser libre para ir en pos de Destino si es esclavo de la deuda y el gasto. Decidir vivir su sueño puede significar dejar su trabajo para perseguir su llamado. Pero si está hasta las orejas de deudas, no puede dejar ese trabajo. Si le debe a todo el mundo en la ciudad, nunca ahorrará el dinero suficiente para comprar la casa soñada que quiere. Su sueño podría ser enviar a sus hijos a la escuela privada para ampliar sus oportunidades, pero probablemente no se lo pueda permitir si está gastando dinero en el último estilo de zapatos deportivos o en fiestas de cumpleaños muy caras para sus hijos que quizá ellos ni tan siquiera recuerden.

Priorice cómo gasta su dinero y sea un buen administrador de las bendiciones financieras que ya ha recibido, sin importar lo escasas que sean. Demuéstrele a Dios que puede confiar en usted con la poca cantidad que ha recibido, y el Proveedor Todopoderoso le dará más. Si usted malgasta pequeñas sumas de dinero, malgastará también cantidades grandes.

Priorice lo que es importante para usted para cumplir su sueño

Es muy triste vivir la vida de otra persona, y es totalmente asfixiante vivir por debajo de su potencial. No hay recompensa en lograr los planes de otros para su vida; sin embargo, habrá personas que constantemente intentarán meterle en sus agendas. Otras personas siempre tienen una opinión sobre lo que usted debería hacer con su vida. Su madre quizá piense que debería enseñar en la escuela porque es una vocación que representa un sueldo regular. Su padre quizá le insiste diciéndole que estudie medicina porque usted consiguió buenas notas en ciencias. Su mejor amigo piensa que usted debería abrir una guardería porque se le dan bien los niños. Su abuela le dice que abra un periódico porque es un buen escritor. Todas esas profesiones son buenas, y el servicio que dan a la humanidad es de mucho valor. El problema es que si la vocación no refleja su destino, no es buena.

Lo crea o no, a algunos nunca se les ha permitido priorizar sus propias vidas. Hay un hijo que anhela esculpir, pero como su madre y su padre son ambos licenciados, usan la presión parental para dirigirle hacia una vocación que sea más apetitosa para ellos. Hay una hija que adora los automóviles y sueña con ser jefa de mecánicos, pero su novio le ha desanimado porque no cree que sea un trabajo bueno para una mujer. Establezca sus prioridades para el Destino y olvídese de lo que otras personas quieran para usted, sin importar lo buenas que sean sus intenciones.

Solo usted puede tener la visión para su vida, así que solo usted puede decidir qué es lo más importante para llegar allí. Otras personas quizá no entiendan o respeten los sacrificios que usted escoge hacer en su camino hacia Destino, pero nunca deje que eso le detenga. Sus decisiones no tendrán sentido para los demás porque ellos no pueden ver lo que usted puede ver. Ellos no saben hacia dónde va usted. A veces sus decisiones no tendrán sentido para las personas que usted más quiere, pero quienes verdaderamente le aman respetarán sus prioridades, incluso aunque no las entiendan.

Sus prioridades confirman hacia dónde se dirige porque todo lo que hace será para avanzarle hacia su destino. Una persona que tiene prioridades conducirá un auto antiguo o más barato, renunciará a la ropa de diseño, y dejará pasar el último modelo de aparato electrónico si tiene un sueño que requiere mantener un estricto control de sus finanzas. Cuando las prioridades de un joven están en orden, algún día no irá con sus amigos a lanzar unas canastas para poder pasar una hora extra en un proyecto de la escuela. Una mujer dejará pasar una vacaciones con las chicas porque su novio quiere que vaya a la reunión de su familia. Un hombre mantendrá el puesto de trabajo que le da la formación que necesita para un futuro sostenible en vez de tomar ese trabajo sin salida con mejor sueldo. Una pareja optará por una boda más económica para tener más dinero para una buena entrada de su nueva casa.

Las personas que viven una vida de propósito tienen prioridades y tienden a sacar más de la vida. Son más felices, incluso en tiempos difíciles, porque tienen una razón por la que existir. Saben por qué han tomado ciertas decisiones, así que no se sienten víctimas por vivir un estilo de vida menos impresionante. Viven persiguiendo su Destino en vez de persiguiendo la aprobación de otras personas.

Cultive una gran mente y deje atrás el pensamiento pequeño

Si no prioriza su vida y las cosas que son importantes para usted, se desenfocará y comenzará a invertir su energía en asuntos triviales, como quién le mintió, quién está hablando mal de usted, o quién está hablando mal de otra persona. La antigua primera dama de los Estados Unidos, Eleanor Roosevelt, observó: "Las grandes mentes hablan de ideas; las mentes mediocres hablan de eventos; las mentes pequeñas hablan de personas". Usted es quien determina cuáles son sus pensamientos. Usted es quien determina los asuntos que merecen la pena su tiempo. Usted tiene el poder de dejar de lado lo insignificante para perseguir la grandeza.

Su destino es la grandeza. Lo insignificante y la grandeza no pueden ocupar el mismo espacio. No bloquee oportunidades de Destino impidiendo que se manifiesten en su vida porque está dando prioridad a asuntos menores. Si su tía y su primo están luchando de nuevo, ¡deje que resuelvan sus problemas porque Destino le está llamando! Si su vecino se niega a convivir según las reglas de su asociación de vecinos, suéltelo. Destino le está llamando. Si su amargada empleada hace un buen trabajo, déjelo. Mientras no trate con el público, el hecho de que no tenga una alegre personalidad es un asunto menor. Si alguien de quien usted dependía se retira de un negocio, no emplee mucho tiempo averiguando por qué. Eso es algo menor. Usted tiene que estar buscando un nuevo socio. Eso es lo principal.

La grandeza corre por las profundidades, pero lo insignificante corre por lo superficial y ancho. El pensamiento pequeño es un cancerígeno que avanza rápidamente y se extenderá sobre la grandeza en usted y carcomerá su potencial de crecimiento. Deje de permitir que los pensamientos menores ocupen su mente; ¡no están pagando renta para residir ahí!

Reserve su fortaleza para los asuntos difíciles de llegar a Destino. Hay algunas cosas que debe dejar tranquilas. No arregle cada problema que se cruce por su radar. No intente enderezar cada disputa que se encuentre. No siga cada rumor. Si hay personas murmurando de usted, deje que hablen, porque la gente que habla de forma negativa de usted no es importante.

Es peligroso dejar que los asuntos menores se conviertan en prioridades porque cuando vengan las cosas grandes, no tendrá la fortaleza y fuerza necesarias para tratar lo que es importante. Ahorre su fuerza y no esté dando vueltas de noche por cada asunto menor. No excave experiencias negativas y gaste energía mental rumiándolas. No se preocupe por lo que esa persona le dijo, por qué le mintió, por que no le invitó a su evento. ¡Guarde su energía para su uso mejor y más elevado!

Si quiere conectar alguna vez con el Destino, debe desarrollar el arte de manejar bien los asuntos menores. Muchas cosas suceden en Potter's House de las que yo nunca llego a enterarme. Mi equipo de trabajo sabe que no me tiene que contar ciertas cosas porque saben que me involucraré en ello e intentaré encontrar una solución. Me alegro de tener un equipo competente que puede manejar los asuntos del día a día que surgen. Saben que mi tiempo es limitado y no puedo permitirme el lujo de distraerme con problemas menores. Pero eso también significa algo. Contratamos personas inteligentes en Potter's House. No puedo contratar personas con un pensamiento limitado. No puedo contratar gente mediocre menos inteligente que yo para que puedan hacerme sentir superior. No, tengo que contratar a personas que sean más inteligentes que yo en lo que hacen para que pueda irme sabiendo que esas personas harán bien el trabajo. He conocido gerentes, directores generales y propietarios de empresas que se intimidan por personas que son más inteligentes que ellos, y contratan personas con capacidad mediocre o muy del montón para así sentir siempre que están por encima. Contratar personas inteligentes me hace sentir que yo estoy en la cima porque me puedo enfocar en las tareas que son particularmente mías. No tengo que preocuparme de tener tinta suficiente para la fotocopiadora o a qué hora llegó el depósito bancario. He priorizado y decidido que como mejor gasto mi tiempo es en mi destino, no en comprobar lo que todos los demás están haciendo.

Los comienzos diminutivos de Destino

Cuando ha establecido sus prioridades hacia Destino, es consciente de dónde está y dónde está intentando ir. Y como es consciente, está preparado para aprovechar las oportunidades a medida que surjan. No le cegará tanto el cuadro general como para no ver las situaciones más pequeñas a lo largo del camino. Preste atención a las cosas pequeñas porque a veces la mayor oportunidad puede llegar a través de eventos aparentemente insignificantes. A veces, el viaje de autobús diario al trabajo le presenta a su cónyuge. A veces, una posición de voluntariado en una organización le conecta con el director general de la compañía para la que ha estado anhelando trabajar. La Biblia nos anima a no menospreciar los pequeños comienzos; a menudo conducen a la grandeza.

La grandeza se tiene que marinar. La era de la televisión y las películas puede dar la impresión de que la fama se captura y la notoriedad se gana en una hora de programación o unas pocas semanas de un *reality show*. Y sí, muchas personas se han convertido en famosas con bastante rapidez debido a *reality shows* de televisión. Todas las personas que consiguen importancia en su terreno de trabajo tuvieron que pagar algún precio para llegar ahí: trabajar en lugares donde se pagaba muy poco, trabajar gratis como interino o voluntario, o dar un fiel servicio en un trabajo incluso mientras el jefe se llevaba todo el mérito.

Dios ha ordenado nuestra existencia para operar como un granjero que planta una semilla en un campo. Si usted ora y le pide a Dios un roble, el Todopoderoso quizá le envíe una bellota, porque las cosas grandes pueden salir de pequeños comienzos. La respuesta de Dios quizá no se parezca a su petición. Así que cuando reciba una bellota cuando usted esperaba un árbol, no tire la bellota. Su árbol está en la semilla. Dios obra mediante el principio agrícola de plantar una semilla y recoger una cosecha. Su cosa pequeña puede convertirse en algo poderoso si es usted un buen administrador de la semilla.

La flexibilidad le permite no quebrarse

A algunas personas no les cuesta nada priorizar y establecer orden en sus asuntos. Si son buenos para algo, es para ordenar las cosas. Deben vivir de tal forma que todo esté en su lugar y nada fuera de su sitio. Todos experimentamos momentos en los que todo está perfectamente ordenado, pero la vida no siempre tiene ese aspecto. Las cosas cambian. La vida cambia. Usted cambia. Su vida no puede mantenerse estática. Usted es un organismo vivo, que respira. Y para llegar donde Dios quiere que esté, no puede quedarse donde está.

El orden es esencial, pero la vida está llena de cambios. A veces la vida no siempre encaja en un cierto orden. Las personas vienen y van en su vida. En un instante usted tiene trabajo y al minuto siguiente se ha quedado sin él. Un día todo va bien y al día siguiente a alguien de su familia le diagnostican una enfermedad terminal.

La vida está llena de cambio. Un hombre puede estar en un una buena trayectoria laboral, un gran sueldo, aumentos regulares, ascensos y reconocimientos. Quizá es una estrella resplandeciente hasta que algo sucede. La compañía echa el cierre o se reduce. Llega un nuevo director general y hay un choque de personalidades. Es un cambio, y hay que adaptarse.

Las personas responden de distintas formas a los tiempos difíciles. Siempre es un parón en seco cuando la vida nos envía un momento duro que nos hace tambalearnos y caer. Pero ¿qué hace usted cuando recibe el golpe? Una persona que tiene las prioridades establecidas no deja que un golpe le aparte del Destino. En cambio, se limpia el polvo y regresa al camino, siempre observando los sutiles cambios y las señales que indican que quizá puede encontrar el Destino en una dirección totalmente distinta.

Maya Angelou a menudo habló acerca de su abuela, como yo a menudo hablo de la mía. Ella dijo que admiraba a su abuela por trazar un nuevo camino para su vida cuando el camino por el que iba se vio interrumpido. El matrimonio de Annie Henderson fracasó en un tiempo en el que la gente simplemente no se divorciaba. Tenía dos niños pequeños, uno físicamente minusválido, y ella tenía que ganar el suelo.

Annie no tenía educación formal pero sabía leer lo suficientemente bien y tenía una decente habilidad con los números. Conseguir un empleo en uno de los molinos locales estaba fuera de cualquier posibilidad. Se adaptó a los prejuicios con los que una mujer negra de su tiempo tenía que lidiar, y encontró un camino para ella y su familia.

Comenzó a vender pasteles de carne caliente recién hechos a los hombres que trabajaban en los molinos. Se ponía fuera del molino y comenzaba a freír en cuanto sonaba la campana del mediodía. Con los años formó una clientela fiel y construyó un puesto cerca para vender sus pasteles. En los años siguientes, su pequeño puesto creció y se convirtió en una tienda general, donde comercializaba tanto con clientes negros como con blancos. Maya recordaba que de su abuela aprendió que cuando la vida nos envía por un camino ominoso, nosotros debemos mirar a nuestro alrededor y, sin vergüenza alguna, tomar uno nuevo.

Es difícil continuar avanzando en fe hacia Destino cuando la vida no va como usted planeaba. Una de las cosas más difíciles de hacer para las personas es confiar y creer en Dios cuando están en una transición. Usted pierde a un ser querido. El matrimonio que pensaba que duraría para siempre se muere. Es devastador cuando pierde su trabajo, o pierde a un ser querido, o experimenta la traición de alguien que consideraba un buen amigo.

Después del golpe inicial de la pérdida, una típica respuesta humana tras una experiencia disruptiva es restaurar el sentido del orden. Rápidamente intentamos restaurar o reemplazar lo perdido. Una persona sin empleo acepta el primer trabajo que le ofrecen, encaje o no en su profesión. Una persona viuda rápidamente se vuelve a casar.

Sin embargo, hay momentos en los que el vacío es necesario para que Dios pueda llenar el hueco. Dios no puede llenar un vaso que ya está lleno. Dios usa' vasos vacíos. Confíe en que Dios llenará el hueco creado cuando las cosas no salen como usted planeaba. Los seres humanos pueden encontrar todo tipo de formas de llenar el hueco de la pérdida, y muchas de ellas no son buenas. El consumo de sustancias, la compra compulsiva, el gasto compulsivo, el exceso en la comida, la promiscuidad sexual y las decisiones temerarias son solo unas cuantas de las formas malsanas en las que podemos llenar un vacío.

Dios puede usar el desorden para crear un nuevo orden en su vida. A veces, las interrupciones de hecho sirven para ordenar nuestras caóticas circunstancias y llevarnos a un nuevo lugar. Como la mamá águila que deshace su nido para causar incomodidad a su nidada, Dios a veces deshace nuestras vidas. Los cambios y reveses que usted experimenta no son necesariamente obra de sus opositores. A veces un revés es un arreglo divino. El caos en el exterior de hecho puede ser Dios aclarando condiciones, situaciones o personas que están en medio de su camino hacia Destino. Pero es difícil subirse a la ola cuando parece que la tormenta de la vida le tapará. Es difícil confiar en que Dios está en control de sus circunstancias incluso en los tiempos tumultuosos.

Es fácil ver lo que Dios está haciendo en su vida cuando llega al lugar que Dios quería. La dificultad reside en ver por fe lo que Dios está haciendo cuando usted aún está de camino a ese lugar. Cuando llega al lugar donde Dios quería que estuviese, puede decir: "De acuerdo, veo lo que estaba ocurriendo". A nadie le gustan los tiempos difíciles, pero son las experiencias desagradables lo que a menudo sirve de catalizador para formar el carácter necesario para nuestro destino.

Suelte su deseo de controlar lo que no puede saber, cambiar o controlar. Suelte el pasado. Suelte su temor. Suelte su dolor. Los sistemas que le funcionaban en el pasado no le funcionarán en el lugar donde Dios le está llevando. Cuando aprende a no definirse por el lugar donde estaba, aprende a no llamar cambio a las transiciones de su vida. En su lugar, se les llama normalidad, y usted es un pleno participante en los movimientos de su vida. Su normalidad debería estar constantemente calibrándole y dejando ir quien era usted para abrazar a aquel en quien se está convirtiendo.

Decida que se mantendrá abierto a donde está siendo llevado y que estará dispuesto a asumir la responsabilidad de las transiciones que le llevan a Destino.

✦

CAPÍTULO 5

Enfoque: Decida qué cosas le merecen

Diríjase hacia aquello que merece su tiempo y energía

Usted no es lo que hace. Llegar a Destino conlleva separarse de su don. Muchas veces las personas confundimos lo que somos con lo que hacemos. Diferenciar entre lo que somos y lo que hacemos es clave para nuestro bienestar. Al haber viajado en círculos internos con personas muy conocidas y al haberles conocido personalmente, a menudo me he dado cuenta de que un individuo es totalmente distinto a lo que se ve en televisión o en foros públicos. Su cómico favorito quizá no sea tan jovial fuera del plató como cuando está ante las cámaras. Le están dando su don y su talento a la audiencia, pero ese no es un indicativo de quiénes son en sus vidas diarias o cómo se pueden estar sintiendo. Del mismo modo, usted puede usar su *don*, pero eso no significa que usted sea el don.

Muchos se sienten atraídos hacia lo que usted hace, lo que usted sabe o algún don que usted tiene y será totalmente ajeno a la persona que usted es. No tiene que ser famoso o salir en la televisión para entender la distinción.

Sus dones crean espacio para usted

Si es una persona con muchos dones, la gente le buscará. Le llamarán constantemente para que comparta sus dones con un propósito u otro. Hay una maravillosa promesa en la Biblia, en Proverbios 18:16, que dice que sus dádivas ensancharán su camino y le impulsarán a lugares más altos. Es un despliegue bonito cuando sus dádivas o dones le abren puertas para dirigir una empresa, jugar al baloncesto, escribir, pintar, remodelar, practicar la medicina, enseñar, cocinar o nutrir, cualquiera que sea su don. Cuando es realmente bueno en su don y trabaja para pulir sus destrezas, las personas constantemente requerirán sus servicios. El hecho de que le busquen puede hacerle sentir amado y admirado. Puede hacer que se sienta digno, pero no confunda el don con usted mismo.

Las personas me ven predicar en la televisión cada semana y sienten que me conocen. Una señora se acercó a mí un día mientras yo estaba comprando y me dijo:

"¡Yo sé quién es usted!".

"¿Lo sabe?", le pregunté.

Ella sonrió ampliamente y respondió: "¡Usted es el que estuvo en *Oprah*!".

Para otras personas soy el pastor de una megaiglesia. Para otras soy un productor de cine, filántropo, empresario. Aprendí a tener cuidado de no dejar que otros me definan para convertirme en quien yo me veo. Mi yo y mi servicio no son lo mismo. Ellos conocen al obispo T. D. Jakes. Ellos no conocen a Thomas Dexter Jakes, el hombre.

Yo no lo confundo, y usted tampoco debería. Solo porque la gente ame su don no significa que le ame a usted. La mayoría de ellos nunca llegará a conocerle. La mayoría no se preocupará por usted. Solo quiere su don. Y está bien compartir su don, es bueno servir con su don a la gente o en lugares que se pueden beneficiar de el.

Quizá haya ocasiones en que tanto su servicio como su yo coinciden y se invierte totalmente en ese campo. Por ejemplo, yo he invertido mi yo en Potter's House, no solo mi don. Ese es el lugar al que Dios me ha llamado, y estoy metido de lleno. He aprendido que soy más poderoso y eficaz cuando estoy involucrado del todo.

En el viaje a Destino, sea consciente de que quizá comparta su don y no su yo. Haga esa distinción para que la gente que constantemente quiere algo de usted no le seque. La gente puede secarle al pedirle continuamente que dé y dé y dé, quizá sin la más ligera preocupación por la carga personal que eso conlleva. Esté preparado para poner límites en hasta dónde, cuánto, y cuánto tiempo va a volcarse en otros. Quizá piense, como yo pensaba: "Oh, tengo que hacerlo. Ellos me quieren". Pero la verdad es que ellos quieren su don y cómo ese don sirve a sus propósitos. ¡El don no brilla si el dador se extingue!

Decida adentrarse en su destino decidiendo no solo dónde compartirá sus dones, sino también dónde se va a involucrar de lleno, invirtiéndose usted y su servicio. Si emplea su yo y su servicio donde solo con su servicio sería suficiente, no estará muy vigorizado para actuar en el nivel que necesita para acercase a Destino. ¡Habrá malgastado la gracia que recibió en tareas que no están alineadas con el lugar donde está destinado que vaya! Aprendí que para acercar la escala de Richter de su éxito hacia Destino tiene que involucrarse del todo, y no puede involucrarse del todo en todas las cosas y con todas las personas que conozca. ¡Sencillamente no hay lo suficiente de usted para todos!

Destino siempre paga sus facturas

Hay etapas de la vida en las que, para llegar a Destino, quizá tenga que donar tanto su servicio como su yo. Cuando esas etapas surgen, asegúrese de que sea un paso en el camino a Destino, porque finalmente Destino siempre pagará sus facturas. ¡Siempre le devolverá! Recuerdo que mi madre me ayudó cuando era joven a comprar libros y materiales ministeriales. Estaba tomando clases y cursos, predicando, enseñando y siendo enseñado. Uno de nuestros familiares corrigió a mi madre por ayudarme. Ella dijo: "¡No gastes todo tu dinero respaldando a ese chico!". Estoy seguro de que mi tía tenía buenas intenciones y solo intentaba proteger a mi madre. Lo que ella no entendía es que Destino siempre paga sus facturas.

Entienda el valor de sus esfuerzos y esté preparado del todo para sembrar antes de cosechar, para dar antes de recibir. Dé la semilla de su tiempo, su energía, e incluso su yo. ¡Pero no intente cultivar un huerto sobre cemento! Destino siempre le devuelve, pero cada trato que se le ofrece, cada petición que le hacen, y cada necesidad que venga a su mesa quizá no sea una semilla plantada en el huerto de Destino. En cambio, ¡muchas se sitúan sobre el frío cemento de interminables demandas de personas que solo toman!

Decida cómo y dónde invertir en usted. Hay tiempos en que debería hacer algo a cambio nada. Sí, ante todo sea generoso; pero sea inteligente. Equilibre el llamado a dar con el entendimiento de que los dones que Dios le ha dado valen algo. Pague sus cuotas de camino a Destino, pero en algún momento del camino Destino comienza a devolverle dividendos. Por eso tiene que decidir quién y qué cosas le merecen. Con cada oportunidad, estime cómo puede maximizar su exposición. Una invitación a cantar en un concierto benéfico debería ser el gancho que le ponga ante un ejecutivo de un firma discográfica o de un cazatalentos de artistas. Escribir gratis para un periódico local debería ayudarle a acumular algunos pies de autor para formar un portfolio y conseguir trabajos remunerados.

No comparta sus dones simplemente porque crea que la gente le amará por hacerlo. Sus dones merecen un reconocimiento, merecen una remuneración, merecen ascenso. Recuerde: ¡el consumidor nunca pone el precio del producto!

No estoy hablando de dejar su realización y propósito personales. Estoy hablando de personas que tiran de usted una vez tras otra, consumiendo su tiempo y energías, y no le dan espacio para crecer.

Solo porque se comparta en el mismo lugar continuamente no significa que sea una carretera sin salida. Si preparar los impresos de la declaración de impuestos para una querida organización sin ánimo de lucro es una realización de Destino, por todos los medios hágalo hasta que se caiga. Si ofrecer sus servicios como voluntario en un hospital de niños es como usted decide devolver, ¡eso también es fantástico! Sea generoso, ¡hasta que su generosidad llegue a costa de su destino! Recuerde: Destino siempre paga sus facturas, y le da rendimientos.

Vale la pena luchar por Destino

Las cosas que son más importantes en la vida a menudo no llegan sin un reto o esfuerzo. A nadie le gusta perder, pero eso no significa que cada conflicto o batalla que tenga en la vida merezca la pena lucharla. Cuando vemos algo que se escurre de nuestras manos, nuestro instinto es entrar en modo lucha para proteger y preservar lo que nos pertenece. Un amenaza para nuestra carrera significa una lucha. Una amenaza para nuestro hogar significa una lucha. Una amenaza para nuestro matrimonio o nuestra salud significa que es el momento de luchar. La disposición y preparación para luchar contra una amenaza es un rasgo saludable. Pero algunas situaciones sencillamente no merecen la pena que luchemos.

A veces, una carta de despido en el trabajo es lo mejor que le podría suceder para lanzar su carrera en otro lugar. El rechazo de un amante podría retirar el enchufe de una relación que ha estado en soporte vital durante demasiados años. La expropiación del auto que no podía pagar podría ser su pasaporte para una libertad económica y redención.

Al principio, estos tipos de situaciones pueden provocarle a entrar en modo lucha, pero luchar por algo que es intranscendente en el plan más amplio de su destino puede apartarle de obtener lo que realmente desea. En un nivel espiritual más profundo, la supervivencia puede significar soltar lo que le ha estado reteniendo. Con mucha frecuencia, saber si es momento de luchar o de soltar es cuestión de revisar su ego y apartarlo del camino.

Digamos que se entera de que un tipo llamado Rick está interesado en su chica, la mujer a la que usted le ha puesto cuatrocientas excusas distintas respecto a por qué ustedes dos aún no están listos para casarse. Pero ahora que otro hombre está intentando entrar en su relación, está listo para luchar. Quizá Rick sea lo mejor para usted y para su chica. Quizá Rick quiere casarse con ella y darle el tipo de relación que ella desea. Quizá sea el momento de que usted deje a un lado su ego y avance a su destino.

¿Alguna vez se ha visto involucrado en una lucha y después se ha dado cuenta de que todo se trataba del ego? ¿Cómo es posible que prescindieran de mí? ¿Quién es él para romper conmigo? No pueden hablarme así ¡y quedarse tan tranquilos! Las luchas del ego a menudo son feas, violentas e irracionales. Pero cuando lucha por una buena causa, como su destino, usted toma decisiones buenas y razonables porque no se trata realmente de usted; se trata de su llamado para servir a la humanidad. Contrariamente, cuando su lucha se trata del ego puede tomar todo tipo de decisiones estúpidas e irracionales porque el ego le dice que lo único que es importante es usted.

A veces peleamos las batallas erróneas debido a un enojo desplazado. No puede luchar con su jefe en el trabajo, así que llega a casa y lucha con su cónyuge o sus hijos. No puede luchar con su cónyuge, así que se lo lleva consigo y cuando está con otros miembros de la iglesia lucha por asuntos triviales y sin importancia. No puede luchar con su estado de salud o la recesión económica, así que lucha con el vendedor que no peleará con usted como respuesta.

Algunas luchas en las que se queda atascado son realmente las luchas de otros. Las personas que tienen miedo a luchar por sí mismas pueden ser maestros en manipular a otros para que luchen por ellos. Antes de prepararse para ir a la batalla, asegúrese de estar peleando sus propias batallas por su propio propósito importante y digno de perseguir.

El tiempo es un bien preciado, y se debe usar con cuidado y mucho juicio. Su tiempo lo merece todo. El tiempo es su mayor arma, así que escoja las situaciones y circunstancias que merecen la pena la lucha. No malgaste su tiempo peleando batallas sin importancia. El combate sin sentido no le ayudará en su futuro. Invierta su tiempo donde importe.

De camino a Destino, sepa que habrá batallas que luchar. Sepa que aquello por lo que pelea merece la pena. Sus hijos, su matrimonio o su carrera siempre son cosas por las que vale la pena luchar, pero incluso entonces, puede llegar a un punto en que tenga que abandonar una pelea activa y dejar que Dios pelee esa batalla por usted.

El enfoque sostendrá su pasión

El camino hacia Destino es una caminata de resistencia. Cada día no es emocionante, aunque esté haciendo lo que le gusta hacer. Trabajar hacia su destino es un esfuerzo diario, pero cada momento no estará lleno de emoción, o incluso de desafío. Algunos días son tan solo horas de trabajo. Pero cuando sabe por qué está trabajando, por qué se está sacrificando, o por qué está demorando la gratificación, puede sostener su pasión por hacia dónde va, especialmente cuando su meta parece estar atascada en una estratosfera a la que nunca llegará.

Destino es una carrera de larga distancia donde la resistencia es la clave para ganar. En el camino nos debilitamos en nuestro cuerpo y en nuestra mente a veces. Nos hartamos. Nos hartamos de estar hartos. Nos debilitamos por la fatiga que a veces no es física; a veces nos cansamos emocionalmente, mentalmente o espiritualmente. Las circunstancias que pensábamos que se habrían resuelto hace años quizá continúen persiguiéndonos.

A veces sentimos que no tenemos nada más que dar, incluso a Destino. Hemos dado todo lo que tenemos y nos preguntamos: "¿Qué más quieren nuestros hijos? ¿Qué más quiere mi cónyuge de mí? ¿Qué más espera de mí mi jefe?". Mientras tanto la vida continúa, y nos hace sentir tanto abrumados como con la sensación de no lograr impresionar: abrumados por las presiones que se acumulan porque la vida y la subsistencia hay que mantenerlas; sintiendo que no impresionamos a nadie porque nada parece desafiarnos para mejor. Destino es un lugar distante que parece inalcanzable.

Se necesita decisión para continuar operando en el día a día mientras mantenemos un enfoque saludable en Destino.

Ayúdese a usted mismo y desarrolle conexiones con personas que ya hayan llegado o estén cerca del lugar en el que usted quiere estar. Aprenda de ellos, porque estar cerca de ellos puede ayudarle a estar enfocado en el porqué está haciendo sacrificios y suportando luchas.

Las personas que aman lo que hacen y tienen éxito en ello tienden a disfrutar de establecer relaciones con personas que sean serias en aprender de ellos. Les encanta compartir historias de sus reveses y éxitos, sus pruebas y triunfos. Quieren animar a un pupilo a seguir mejorando en el don. Los mentores pueden además aconsejar respecto a acciones que quizá no sean un premio productivo. Puede que sean capaces de ayudarle a reconocer una situación de empleo sin salida o decirle cuándo es el momento de dejar escapar una relación empresarial. A veces, el mejor hola a una nueva oportunidad es el adiós que le dimos a una situación muerta.

"¡Vencerá si no abandona!"

Aprendí que los que abandonan no ganan cuando me vi ante unas circunstancias tremendas y dilemas complejos. En no pocas ocasiones sentí que mi fe cedió y mi corazón desfalleció. Recuerdo intentar conseguir un préstamo para una propiedad para nuestra iglesia en West Virginia. Parecía que en cada paso que daba me encontraba un obstáculo. Lo había solicitado en varios bancos. Algunos dijeron no; otros pedían el 40 por ciento de entrada (que seguía siendo un no porque no lo tenía). Llevé la cruz de su rechazo en silencio. No quería que la iglesia supiera que nuestro sueño era mi pesadilla.

Pensaba que la iglesia podría estar donde estaba, aunque el espacio era demasiado pequeño. A veces me preguntaba si sería mejor soltar el dolor de querer y conformarme con la tranquila mediocridad del status quo. Pero después de cada rechazo, mi pasión se revitalizaba y lo volvía a intentar. Si estaba siendo secretamente masoquista o si tenía fe, no estaba seguro. No estaba seguro de haber seguido el mejor procedimiento o la correcta perspicacia empresarial, pero sin yo saberlo, ¡estaba alcanzando mi perspicacia empresarial mediante el proceso del rechazo! El dolor del proceso finalmente me permitió adquirir la propiedad. Sí, conseguí el préstamo y compramos el edificio; pero el mayor regalo fue la experiencia. Aprendí a perseverar incluso en la etapa tempestuosa, ardua y agónica de *llegar*.

El pueblo Ashanti en África Occidental dice: "Si entiende bien el principio, el final no le preocupará". Cuando está seguro de que se dirige hacia Destino, no le preocupará el final. En cambio, se mantiene firme y se prepara para el viaje, con todos sus altibajos. Es cierto, los tiempos difíciles pueden hacerle querer tomar la salida más próxima. Tenga en mente que quienes descubren cómo sortear las dificultades no se encuentran con el destino señalado por Dios. Destino le pertenece a quienes lo demandan mediante su fiel y obstinada determinación a aguantar ahí hasta lograr lo que desean.

Tyler Perry, famoso dramaturgo, director, actor y productor, se abrió su propio camino de trabajo en el cine en Hollywood, una ruta enrevesada que habría hecho que muchos desistieran. Durante sus primeros años de posicionarse hacia Destino, el camino no fue ni plano ni cómodo para este joven de piel negra del distrito siete de Nueva Orleans. En los momentos más duros, Tyler luchó las batallas que más merecían la pena y dejó ir las peleas que eran contraproducentes para llegar a Destino.

Comenzando con veintidós años, Tyler escribió, dirigió y produjo muchas obras de teatro que fueron financiadas con sus propios ahorros. En más actuaciones de las que podría él contar, solo aparecieron un puñado de personas. Esto fue así durante años. Continuó ahorrando e invirtiendo su propio dinero en producir las obras, pero nada parecía despegar. Incluso cuando la obra se hacía en un teatro casi vacío, Tyler nunca abandonó su sueño. Luchó contra todos los obstáculos para producir otra obra, incluso cuando nadie había acudido a la anterior.

Más adelante, tras algún éxito con sus obras, se mantuvo en la lucha cuando ejecutivos de Hollywood le dijeron, ridículamente, que no podían respaldar sus películas porque "las personas de color no van al cine". Él aguantó y rehusó soltar su sueño de escribir, dirigir y producir obras y películas.

Mientras Tyler luchaba por encontrar su lugar entre los cineastas, escogió soltar las peleas que eran contraproducentes para Destino. Pudo haber gastado su vida luchando contra un padre que le ridiculizaba. Pudo haberse involucrado en una batalla emocional de por vida contra las personas que abusaron de él sexualmente. En lugar de ello, invirtió su espíritu guerrero en luchas que merecían la pena para llevar sus obras y películas a las audiencias. Tyler siguió luchando para vivir su sueño, incluso cuando se quedó sin casa y dormía en su automóvil. Como nunca abandonó, los vientos del destino cambiaron a su favor y desde entonces ha vendido millones de entradas de teatros y cines a fans de su amado personaje de Madea y los personajes de sus muchas otras películas y producciones teatrales.

Este es el tipo de pelea en el que merece la pena emplear las energías. El espíritu luchador en usted que dice: "Haré…" es la tenacidad que necesita para cavar más hondo cuando amigos y seres queridos le estén mirando y riéndose disimuladamente porque parece que usted ha estado siguiendo un sueño imposible durante años. Usted ha hecho otro plan para hacerlo grande. Ha comenzado otra dieta. Ha comenzado a salir con alguien nuevo. Mientras tanto, la gente que le rodea dice: "Oh, oh. Ahí va de nuevo".

Ignórelos y siga luchando porque se dirige a un lugar que ellos no pueden ver; deje de esperar que entiendan por qué está dispuesto a continuar y no soltarlo. Mientras se ríen o cacarean sus lenguas, fortalézcase para clavar sus talones más hondo. No les cuente su sueño. El sarcasmo y la duda de otras personas puede debilitar su capacidad de permanecer. Si escucha durante mucho tiempo su veneno, comenzará a creer que realmente es estúpido por aguantar cuando parece que no hay razón para hacerlo.

Cualquier persona que haya alcanzado el éxito llegó a un momento clave en el que él o ella decidió seguir a pesar de los fracasos, a pesar de los pronósticos de futuro negativos, a pesar de los que odiaban y no entendían lo que significa estar enfocado en Destino. Hay un punto crítico que toda persona de éxito alcanza cuando dice: "Voy a mantenerme aquí y hacer que esto funcione o a morir en el intento".

Tormentas, dificultades, batallas y destino

Las tormentas y dificultades pueden tener un resultado positivo en nosotros porque a pesar de lo desconcertantes que son, los desafíos de la vida pueden hacernos más fuertes para cumplir nuestro destino. Pero no se puede vivir en modo lucha; vivir así es insano y contraproducente. Hay una razón por la que a los soldados les dan tiempo de descanso y relax.

Luchar le mantiene fuerte, pero no todo en la vida tiene que ser tormentas y batallas. La gente que vive en modo lucha puede morir antes de tiempo debido a infartos o ataques de corazón por el estrés continuo sobre el cuerpo. Hay veces en que tiene que quitarse la armadura y dejar que su espíritu esté tranquilo. Desarrolle hábitos que puedan relajarle del modo lucha y dar a su mente y a su cuerpo un descanso que es muy necesario. Yoga, meditación, o un paseo al aire libre son tan solo pequeñas formas de poder cuidar de usted y asegurarse de que vivirá para luchar otro día.

En un combate de boxeo profesional, los dos oponentes luchan en asaltos de tres minutos. Después regresan a sus respectivas esquinas durante sesenta segundos para respirar, recibir ánimo y estrategia. El luchador debe tomar un descanso rápido para poder levantarse y seguir peleando. En la esquina, el equipo del boxeador está tratando sus heridas, nutriéndole, diciéndole dónde es vulnerable, y afirmando sus puntos fuertes.

¿Se imagina lo brutal que sería un combate de boxeo profesional si los dos oponentes lucharan durante treinta y seis minutos seguidos sin descanso en la competición? Antes de mitades del siglo XVIII no había reglas para los boxeadores, y muchos morían en el ring. Las primeras reglas del boxeo, conocidas como reglas de Broughton, las estableció el campeón Jack Broughton para proteger a los luchadores. Se dio cuenta de que las reglas eran necesarias para que los boxeadores pudieran vivir para pelear otro día.

Establezca reglas personales para cuidar de usted mismo. Habrá más tormentas que soportar en su camino a Destino. Habrá más batallas que lidiar. Después de haber superado la tormenta, tómese un tiempo para usted y su familia. Tome tiempo para celebrar que la tormenta ha pasado sin preocuparse por cuándo llegará la próxima. Vendrá sin tardar mucho. Los tiempos de calma son tiempos para apreciar la victoria o tratar las heridas de la derrota. Salir del modo pelea le da tiempo para planificar y hacer una estrategia para llevar sus pasos hasta el siguiente nivel. Es el momento de agradecer a su cónyuge o su familia por ser su sistema de apoyo en la tormenta. Es el momento de estar en contacto con usted mismo y recordarse que es un ser humano y no un hacedor humano.

❖

CAPÍTULO 6

Por el bien del destino, ¡hágase!

Dé pasos hacia una autoidentidad auténtica

Destino es la máxima expresión de hacerse, de ser totalmente usted, de tomar sus propias decisiones. Nadie más puede hacer lo que usted hace. Otras personas puede que tengan su talento, pero no tienen su peculiaridad.

Hacerse a usted mismo aporta el máximo en satisfacción de vida porque significa involucrar cada fibra de su ser en su destino. Si está aburrido con la vida, probablemente sea porque no está haciéndose. ¿Cómo podría estar aburrido si está haciendo aquello para lo cual el Creador le puso en esta tierra? Si es sarcástico y negativo con la vida, no se está haciendo. No hay forma de tener una visión negativa de la vida si ha involucrado su mejor yo en completar la tarea para la que Dios le diseñó. Dios creó el sol, la luna, las estrellas y las estaciones. Seguro que hay algo en este vasto universo que a usted le interesaría si estuviera en su auténtico camino hacia Destino.

Debería ser emocionante pensar en hacerse. ¿Cómo podría no estar emocionado con el hecho de que Dios le creó? Si no se está haciendo, es como un caballo de carreras que nunca ha pisado el hipódromo. Es un motor de 350 caballos de potencia estacionado en el garaje llenándose de polvo. Permita que Destino revele de lo que está hecho verdaderamente, ¡descubriendo lo que significa hacerse!

Le gustaría llegar a conocerse

"Conócete a ti mismo" es un aforismo que tuvo su origen entre los antiguos griegos. Inscrita en el templo de Apolo en Delfos, esta máxima destaca prominentemente en la literatura griega, especialmente en los escritos del filósofo Platón y su maestro Sócrates. Es en los escritos de Platón donde aprendemos la cita de Sócrates: "Una vida sin examen no merece la pena ser vivida". La búsqueda del destino de nuestra vida es como descubrimos quiénes somos en verdad.

Es en la persecución del Destino donde usted descubre la persona tan fascinante que es. Descubre que es una creación de Dios maravillosa y única. A medida que se va conociendo, descubre algunas cosas que quiere cambiar, pero también descubrirá algunas cosas que le gustan. El autodescubrimiento puede ser un proceso de vida profundamente satisfactorio, al aprender a aceptar verdades que otros dijeron de usted y soltar las mentiras que golpean su autoestima.

Quizá se entere de que la tía Kaye tenía razón al decir que usted tenía un truco para llegar al verdadero asunto en un conflicto. Quizá Destino le está llamando a ser mediador, negociador, abogado o juez. Quizá descubra también que algunas palabras dañinas que dijeron sobre usted no eran ciertas, como el padre que le llamó tonto o la profesora que dijo que no sería apto para ir a la universidad.

Conózcase. Conocerse puede significar descubrir que aunque todos pensaban que usted era malhumorado y cascarrabias, realmente usted es alguien introvertido que tan solo necesita un poco de tiempo lejos de la gente para regenerar esa energía interna. O quizá usted era un extrovertido al que acusaban de tener hormigas en los pantalones porque parecía no poder estarse quieto. Usted anhelaba conectar con otros seres humanos. Conocer quién es usted realmente es un medio de equiparse a usted mismo para cuidarse en las formas que le ayuden a convertirse en su mejor yo.

Cuando llega a conocerse, lo que le gusta y lo que no le gusta, sus pasiones y sus planes, lo que le motiva y lo que le deprime, se vuelve evidente. Conocerse significa que usted aprende simultáneamente lo que necesita para inspirarle hacia Destino. Es una revelación que ocurre rápidamente para algunos y de forma más lenta para otros. Algunas personas avanzan hacia Destino como estrellas fugaces mientras que otras florecen más tarde, pero es un despliegue de por vida.

Algunos parecen nacer sabiendo quiénes son y a qué están destinados a contribuir mientras que otros se chocan con un poste de la vida tras otro, intentando saber lo que quieren ser cuando sean mayores. Algunas personas superan probabilidades increíbles y pasan por infiernos y aguas profundas para encontrarse con Destino. Otros reciben todo tipo de ventajas económicas, educativas y sociales, y sin embargo caen en un abismo de falta de productividad. Todo se reduce a una cosa: conózcase.

Las personas que crecieron en la pobreza quizá tengan que aprender quiénes son fuera de un entorno lleno de ventas de drogas en cada esquina, casa de calidad inferior, alto índice de encarcelamiento, alto índice de embarazo juvenil y bajas expectativas. Si usted creció así, su entorno quizá le diga que está destinado a vender droga, pero en verdad a usted le encanta escribir ciencia ficción. Conecte con su verdadero yo para que pueda ver su yo más alto y conocer su habilidad para distanciarse de las realidades negativas de una infancia disfuncional. Si creció siendo pobre, tómese el tiempo para conocer su yo más alto, el que tiene Destino que no incluye encarcelamiento, drogas y embarazos no planificados. Distinga su verdadero yo del entorno en el que creció.

Tiene que conocerse para vivir la auténtica vida que Destino le ofrece. De lo contrario, puede tener un éxito exterior y no experimentar del todo el fruto de sus logros. Puede ser una millonaria artífice de su éxito que dirige una empresa y viste trajes de mil dólares, pero sigue viéndose como esa niña pequeña de la que se reían en la escuela por llevar ropa de segunda mano. Quizá aún esté viviendo como el niño cuyo padre nunca tenía dinero para proporcionarle actividades extraescolares. Nunca debió ser definido por esas circunstancias. Eso fue donde usted vivió, no quien usted es. Puede graduarse siendo el mejor de su clase en Harvard y a la vez seguir dudando de si es exitoso porque su padre nunca afirmó ni celebró sus logros.

Sin importar qué tipo de infancia o experiencias del pasado tuvo, puede beneficiarse de distinguir entre su pasado y su auténtico yo. Puede aprender de ello y distanciarse de ello de una forma sana. Quizá le criaron unos padres que tenían valores religiosos y políticos conservadores que usted no comparte. Reconozca los valores positivos que le transmitieron, y luego acepte los valores que le representan a usted, que le sostienen, y que le ayudan a fijar su rumbo hacia Destino. No puede negar de dónde vino, pero puede aprender de ello, superarlo y edificar sobre ello para llegar más alto.

Cómo fuimos educados, dónde fuimos a la escuela, y nuestras experiencias sociales y económicas tienen una influencia tremenda en nosotros. A lo largo del camino hacia Destino, tiene que darse baños de realidad para que el yo que usted conoce se ponga al día con el yo en el que se ha convertido.

J. K. Rowling, autora de la fenomenalmente exitosa serie de Harry Potter, fue diagnosticada una vez como clínicamente depresiva y vivía de las prestaciones sociales en Escocia. Compartió en una entrevista con Oprah Winfrey que aún se esforzaba por conocerse. Habían pasado muchos años desde que luchaba por reunir sustento para ella y su hija, pero la mamá soltera apurada que conocía tan bien aún tenía la capacidad de superar a la autora millonaria en la que se ha convertido. Ella recordaba intentar terminar el último libro de Harry Potter en la serie de siete. Hijos, mascotas familiares, y trabajadores del servicio se habían hecho cargo de la casa y estaban interrumpiendo su concentración. En ese punto, ella conectó con su nueva verdad de que podía permitirse viajar a cualquier lugar que quisiera para terminar el libro. En sus primeros años, escribía en cafés locales, principalmente porque se estaba más calentito que en su frío apartamento, y sentarse allí no le costaba dinero. La mamá soltera tuvo que ponerse al día con la millonaria para darse cuenta de que podía permitirse pagarse un hotel durante todo el tiempo que necesitara. Su mente le decía que aún tenía que tener cuidado de no gastar mucho.

"Conocerse" no se aplica solamente a pasar de la pobreza a la riqueza. Una persona que crece con riqueza quizá sea inflexible en situaciones donde la humildad es su requisito para elevarse a Destino. La persona que siempre ha tenido abundancia económica para tratar un problema quizá no sea consciente de que hay lugares donde el dinero no puede llevarle y algunas situaciones que el dinero no puede comprar para poder meterse o salir de ellas. La riqueza puede seducirle a tener un sentimiento de derechos que puede obstaculizar la llegada de Destino, el cual no se puede comprar. Destino puede llevarle a lugares donde el dinero es insuficiente para darle la entrada.

¡Deje eso! Al fin y al cabo, no es suyo

Cuando dedica tiempo a conocerse, no corre el riesgo de vivir el sueño de otra persona. El autoconocimiento le permitirá apreciar y admirar el sueño de otro y animarle a Destino a medida que este se despliega ante él o ella. Conocerse significa que puede celebrar con su compañera de trabajo que recibió un ascenso en la empresa donde usted simplemente está de paso. El ascenso es su sueño, no el de usted; pero si no se conoce, podría sentir celos, sentirse confundido o enojado, y preguntarse: "¿Por qué Amanda consiguió el ascenso? Yo tengo más educación que ella, y también más habilidades". ¿Qué diferencia marca esto? Ese no es su sueño; es el de su compañera de trabajo. Si usted trabaja durante un tiempo en una cadena de venta al por menor, alégrese de que Greg consiguió el ascenso a gerente. Quizá usted sea más inteligente, más educado, y tenga más experiencia también. Pero si la dirección de venta al por menor no es su destino, darle un ascenso a usted solo le convertiría a usted y a los que tiene alrededor en personas frustradas.

Lo que funciona para otra persona simplemente no funcionará para usted. Haga el trabajo que demanda su propia vida y manténgase alejado de los sueños de otras personas. No se ponga celoso o inseguro por los logros de otras personas. Dios tiene un almacén abundante de bendiciones para usted a medida que se va desplegando para usted la vida que Dios tiene destinada. Conocerse significa que puede estar feliz por su amiga de siempre cuando se case, incluso aunque usted espera a su Príncipe Azul. Conocerse significa que puede alegrarse de verdad por la persona que consigue otra carrera, que se muda a la casa de sus sueños, o que se compra ese fantástico automóvil deportivo.

Destino es inteligente y no comete errores. Puede intentar con todas sus fuerzas vivir el destino de otro, pero no funcionará. Usted nunca fluirá en lo que hace viviendo el sueño de otro, y nunca alimentará su alma. No importa lo bueno que parezca si consiguiera el trabajo soñado y todos los privilegios asociados a ello, si lleva a la mujer bombón de su brazo o consigue el premio Nobel, o la beca en Harvard, o la casa en una comunidad cerrada; si algo no es parte de su destino, no puede darle satisfacción.

¿Alguna vez ha conocido a alguien que parece tenerlo todo, y a la vez parece no estar nunca feliz? Me refiero a *todo*. Un hombre puede llevar trajes caros a medida, vivir en el mejor vecindario de la ciudad, y tener una hermosa familia con becas Rhodes que nunca han causado a sus padres ni un día malo. Todos ellos son logros maravillosos por los que cualquiera debería estar agradecido, pero si ese hombre no está viviendo su Destino, hay un gran agujero en algún lugar. El gran agujero es por lo que su vecino de al lado puede conducir un Mercedes para ir a un trabajo que no le gusta y comienza a odiarle porque usted conduce un viejo automóvil para repartir los pedidos de su propia empresa.

Cuando usted vive su propio sueño, no tiene tiempo de odiar a otros. No puede pensar como alguien que odia, porque toda esa energía negativa le traerá abatimiento. Necesita toda su energía para el Destino. No la malgaste en otro. Cuando está satisfecho persiguiendo Destino, usted es bueno y quiere que todos también sean buenos con ellos mismos.

Si se conoce, estará mejor equipado para identificar y extraer sus auténticas necesidades de lo que le han dicho que necesita.

Un consumidor que se conoce podrá distinguir una necesidad auténtica de una necesidad condicionada y pasar de largo junto al último producto si el que tiene es adecuado para sus necesidades. Cuando está en contacto con su propia búsqueda de Destino, busca las cosas que necesita para conseguir lo que desea. Eso no excluye que quiera cosas; por favor, no me malentienda. No le estoy pidiendo que considere una vida únicamente de necesidades básicas. No quiero verle vivir en agonía rodeado de guarnición que le pesa en vez de levantarle.

¡Invierta en hacerse a usted mismo!

¿Está intentando cosechar un vida opulenta invirtiendo en usted cosas de tiendas de todo a dólar? No se puede engañar a Destino con imitaciones baratas. Cuando escribí mi primer libro, llevé el manuscrito de editorial en editorial y nadie parecía estar ni remotamente interesado.

Justo cuando estaba a punto de deshacerme de la idea de ser escritor, se me presentó una oportunidad inusual. La editorial dijo: "Publicaremos el libro". ¡Pero yo tenía que pagar la publicación! ¡Tendría que publicarlo yo mismo! ¡Me costaría $15,000! Mi esposa y yo lo hablamos. Teníamos el dinero, pero era *todo* el dinero que habíamos estado ahorrando para una casa. Después de mucha oración, nos metimos de lleno e invertimos el dinero en el libro. Ese libro era *Mujer ¡eres libre!* ¡Sigue siendo mi libro con más ventas! Se han vendido millones de ejemplares y continúa dando vida y esperanza a personas hoy. Pero mi vida literaria nunca habría visto la luz del día si yo no hubiera estado dispuesto a invertir en mi propio sueño. A propósito, aunque tuvimos que dejar la casa en espera por un tiempo, enseguida tuvimos la bendición de comprar una casa ¡mucho mejor que la que habíamos pensado comprar en un principio!

Aunque es cierto que Destino es un ligón compulsivo, no permita nunca que sus flirteos le hagan creer que es promiscuo. ¡Quienes han estado con él le dirán que no es barato! Tiene que demostrarle que usted va en serio. Invierta en hacerse a usted mismo y no lo intente de forma barata. No obtenga la mínima cantidad de formación, la mínima cantidad de educación, o la mínima cantidad de destreza. No puede dar la menor cantidad de esfuerzo y esperar encontrar su camino hacia Destino. Vaya a la mejor escuela que le permita su economía y sus calificaciones. Estudie mucho y saque las mejores calificaciones que pueda. Dedique tiempo a aprender todo lo que pueda sobre su trabajo, incluso las cosas que cree que no son importantes. Edifique un gran almacén de experiencias que desarrollará algo completo e integral en usted que ampliará sus posibilidades de una vida al máximo.

Invertir en usted requiere sacrificio: su sacrificio. Nadie más puede hacer ciertos sacrificios por usted. (Los padres pueden sacrificarse en pagar su educación, pero nadie más sino usted puede renunciar a los tiempos divertidos para dedicar ese tiempo a estudiar). Todos tienen una vida y un llamado que experimentar, y nadie más puede convertir los sueños de usted en realidad. No depende de sus padres, ni de su cónyuge, de sus hijos o de su jefe el que usted tenga la vida que desea. Todos ellos pueden tenderle una mano y ser sus animadores, pero ellos no pueden hacer que suceda por usted.

¡No sea un tacaño! Usted y su sueño merecen la pena el precio de la admisión en Destino. Si no invierte en usted, pronto verá que tampoco nadie más lo hará. De hecho, quizá otros se aparten de usted si sienten que usted espera que hagan que su sueño se produzca a costa de ellos. La mayoría de personas sabe cuándo usted va en serio con lo que quiere de la vida. Saben ver si va en serio con lo de ser actor, serio con ser un desarrollador de software, serio con ser la dueña de una guardería. Cuando personas le vean hacer sacrificios para invertir en usted mismo, querrán invertir también en su sueño. Cuando usted está involucrado en su inversión personal, Dios envía personas de la nada para apoyarle, animarle e invertir en su sueño. Quizá incluso no sea consciente de que le están observando, pero aparecerán y le sorprenderán.

Invertir en usted requiere decisión, de esa que sabe que vale la pena no abandonar nunca Destino. La decisión que tiene de invertir en usted dice que aunque nadie más crea en usted, usted sí cree. Aunque nadie más pueda ver lo que hay en su interior, usted lo hace. Sea decidido a invertir en usted a pesar de los retrasos, reveses, desvíos y cambios de rumbo.

Su inversión personal necesita compromiso. Aguante ahí con Destino, aunque no le parezca que tiene buena pinta. Popular o no popular, apreciado o no, animado o no, entendido o no, aférrese a Destino y no lo suelte. Prometa y declare su compromiso con el cumplimiento de Destino en su vida.

La inversión personal requiere exposición. Destino le llevará a nuevas alturas, y tiene que estar preparado. Sitúese en entornos nuevos y quizá incómodos o intimidatorios. Invierta en usted dándose nuevas lecciones de cultura, historia, arte, teatro, religión, geografía o lo que necesite para ampliar sus horizontes.

Necesita tenacidad para asegurar su inversión en usted. Perseguir el Destino no es para débiles. No puede echarse para atrás o achicarse. Quizá sienta terror cuando se vea ante algunas situaciones. Pero siga invirtiendo en usted a pesar de sus temores y los vencerá.

Usted desempeña el papel principal en su destino

Valórese. Imagínese el mundo sin usted. Sepa lo valioso que es. Piense en las personas cuyas vidas ha tocado, las cosas que serían distintas si usted nunca hubiera vivido. Sus hijos nunca habrían nacido. El hermano al que ayudó nunca hubiera conseguido ir a la universidad. Valore la contribución de su vida y el papel que aún puede desempeñar, un papel principal. Usted desempeña el papel principal en su vida. La misión que nadie más puede conseguir es la de usted. La tarea que nadie más puede terminar es la de usted. Los pasos que nadie más puede dar le corresponden a usted para ascender. Nadie más puede ocupar su lugar.

Yo era tan solo un niño cuando el Dr. Martin Luther King Jr. fue asesinado en 1968, pero recuerdo que muchos especulaban sobre quién ocuparía su lugar. Circulaban nombres, y algunos intentaron posicionarse para el papel, pero él era irremplazable. El Dr. King tenía un destino que él cumplió. Nadie pudo ponerse en sus zapatos como la voz del movimiento por los derechos civiles.

Como el Dr. King o cualquier otra persona a la que consideramos grande, usted es irremplazable. Nadie puede ocupar su lugar para cumplir su destino. Esta es su vida. No hay ensayos. No hay repeticiones. No hay botón de borrado.

Entender que usted ha sido escogido para desempeñar el papel principal en su vida es un paso vital de Destino.

✦❖✦

CAPÍTULO 7

Quizá es el momento de reiniciar

Cambie su paso para ir al compás de su destino

¿Tiene alguna idea de en quién puede llegar a convertirse? Si no estuviera atado por los límites de su mente, ¿quién podría llegar a ser? ¿Qué áreas de empeño perseguiría? Si no creyera que está limitado, que es demasiado poco atractivo, demasiado ordinario, demasiado insolvente, demasiado alto, demasiado gordo, demasiado bajito, con muy pocos estudios, demasiado sin pulir, o demasiado lo que sea, ¿qué podría detenerle de llegar a Destino? El cerebro humano tiene cerca de un millón de receptores sensoriales que gestionan la información que llega a nuestra mente. A veces los receptores son distorsionados debido a las experiencias negativas, la socialización u otros bloqueadores de Destino, y lo que vemos en nosotros mismos no es real.

Lo que está ocurriendo en su cabeza puede parecer más real para usted que lo que realmente existe. El cantante y compositor Ray Charles describió su capacidad para oír y componer música en su cabeza. Al quedarse ciego siendo niño, la capacidad auditiva de Charles se había desarrollado y sensibilizado mucho más. El hermano Ray decía que cuando oía una melodía en su cabeza, no necesitaba un piano para componerla porque cada parte de la canción ya estaba terminada en su cabeza.

La mente humana es una máquina de procesar muy poderosa.

En el mejor de los casos, ese proceso es la imaginación y el genio impulsándonos a nuevos mundos. En el peor, las distorsiones de la mente son enfermedades mentales. La mente puede hacerle creer que personas le están siguiendo cuando no hay nadie a su alrededor. La mente puede hacerle caminar y comportarse como si fuera Miss América cuando en realidad su aspecto y su físico son bastante comunes.

Por lo general, es algo bueno cuando nuestra mente puede impulsarnos más allá de nuestra presente realidad. La mayoría de personas a las que usted y yo admiramos probablemente encontraron su propósito y llamado al resistir la tendencia innata a asentir a las circunstancias que les rodean. Quizá nacieron pobres pero rehusaron dejarse condicionar por la situación de su entorno. ¿Quién hubiera imaginado que una niña ciega como Helen Keller terminaría siendo una maestra de fama mundial? O piense en los muchos veteranos que regresaron a casa con discapacidades físicas pero rehusaron permitir que esas limitaciones físicas les esclavizaran. En cambio, con tenacidad y perseverancia, ¡estos hombres y mujeres valientes se levantaron para llevar unas vidas impresionantes!

El reconocido periodista Bob Schieffer me dijo que la mayoría de sus grandes logros se produjeron después de cumplir ¡sesenta y cinco años! Me aconsejó que no permitiera que la edad me impidiera seguir avanzando. ¡Destino no tiene fecha de caducidad! Una mujer se lamentaba con su amiga de no haber terminado la universidad. "Desearía haber seguido estudiando entonces, pero ahora es demasiado tarde". La amiga le preguntó: "¿Qué te lo impide?". La mujer suspiró. "Tardaría seis años porque solo tengo media jornada disponible. Ahora tengo cuarenta y ocho. Cuando termine, tendré cincuenta y cuatro". La amiga hizo una pausa por un momento, y después respondió: "Bueno, ¿cuántos años tendrás dentro de seis años si no vas a la universidad?". Cuando usted sabe que no ha llegado tan lejos como Destino quiere que vaya, la edad es poco más que un número.

Muchos que tienen grandes logros vieron esa persona que llegarían a ser en ellos mismo antes de realmente llegar a ser esa persona. Vieron al actor antes de haber estado nunca delante de una cámara, vieron al artista mucho antes de subirse a un escenario, vieron al predicador cuando no había congregación, el empresario apareció antes que los estatutos, el maestro se asomó en su mente antes de entrar por la puerta del aula, la visión de ser madre apareció antes de que el bebé fuera concebido.

La mente también puede darle una imagen negativa y distorsionada del yo. Las personas que luchan con la anorexia piensan que tienen sobrepeso cuando están literalmente en los huesos. He conocido a personas con un talento increíble pero que no podían verse como realmente eran. Su mente les dijo que no eran aptos o que estaban limitados.

Su mente es tan fuerte y poderosa que puede ayudarle a vencer obstáculos increíbles y posicionarle para convertirse en lo que usted haya visualizado.

Quite la cadena de su mente

¿Ha considerado si su mente está abierta y libre para explorar el camino que Dios ha establecido para usted? ¿O va por la vida como si su cerebro estuviera encadenado, falto de creatividad e ideas? Libere su mente y creará un entorno mental y espiritual para la grandeza. Examínese. Conozca lo que cree. Conozca sus ideas. Conozca lo que defiende y conozca lo que ha moldeado sus creencias e ideas.

Piense en su crianza familiar y en lo que le enseñaron a creer. Quizá necesite quitarse la cadena de su cerebro para desarrollar su propio pensamiento y sistema de creencias. Su familia puede que tenga prejuicios o inclinaciones que usted no comparte, pero si está caminando por ahí con la cadena familiar en su cerebro, quizá se haya restringido a un entorno estrecho sin espacio para las personas que piensan diferente, quienes le posicionarán hacia Destino. Quítese la cadena de su cerebro y desarrolle nuevas asociaciones. Forme nuevas amistades. Tenga nuevos pensamientos. La persona que hicieron de usted durante su infancia y crecimiento siempre tendrá una influencia importante en su vida pero no tiene que determinar su vida, y ciertamente no tiene que restringir su vida.

Si creció con hermanos y hermanas, las dinámicas de la casa mientras usted crecía pueden moldear a cada niño de forma distinta. Un padre alcohólico puede educar gemelos idénticos. Cuando se hacen adultos, uno se vuelve alcohólico. ¿Por qué? Quizá él diga: "Porque me crió un alcohólico". El otro gemelo es un abstemio. ¿Por qué? Él también podría decir: "Porque me crió un alcohólico".

Al margen de lo que haya vivido, ya sea celestial o terrible, tendrá un propósito significativo en su vida si se lo permite. El dolor por el que ha pasado, las pérdidas, la humillación y la traición son todos piedras de paso hacia un lugar más alto en Destino, si está dispuesto a quitarse la cadena de su cerebro.

El sueño de mi padre era que uno de sus hijos se hiciera cargo del negocio familiar. Entiendo por qué eso era importante para él. Mi sueño sería que uno de mis hijos se hiciera cargo también de lo que yo he establecido. Pero aprendí de mi propia crianza que forzar a los hijos a ser una versión de usted para la continuidad familiar no es sabio. Mi padre había invertido mucho de sí mismo en edificar una empresa viable que pudiera sostener a su descendencia durante generaciones. Él quería que yo dirigiera un servicio de conserjería. Muchos años después, mi hermano quería que me uniera a él para crear una empresa de ventanas y revestimientos, lo cual intenté durante un tiempo y en lo cual fracasé estrepitosamente. Si hubiera vivido según sus expectativas, habría sido a costa de mi propio propósito y destino. No tengo duda alguna en mi mente de que tanto mi padre como mi hermano realmente intentaban ayudarme. Pero las buenas intenciones no marcan la dirección correcta. Yo fui destinado a ser un comunicador de varias formas, como ministerio, rodaje cinematográfico, libros y televisión.

¿Tiene usted el valor de quitarse la cadena de su cerebro, incluso cuando la persona que la puso ahí sea alguien a quien ama y el cual le ama a usted? Al margen de ese amor, ellos por accidente encarcelaron su creatividad. Pero la cárcel es la cárcel, ya sea con o sin intención.

Piense en cómo fue su crianza, ya fuera bajo una madre que trabajaba como camarera y apenas podía pagar la renta del camping donde vivían, o ya fuera que creciera como la familia Huxtable del programa de *The Cosby Show*, la popular comedia televisiva de 1980 y 1990. Todo lo que ha experimentado juega un papel en Destino, incluso las situaciones y las personas que debe decidir dejar atrás para llegar allí.

Cómo reiniciar

Vea su mente como una computadora que de vez en cuando hay que reiniciar para que funcione de manera óptima. Cuando reinicia un aparato electrónico, este regresa a una configuración por defecto, pero las configuraciones por defecto se deben cambiar para que el dispositivo obtenga una nueva normalidad para que funcione con un rendimiento óptimo. Del mismo modo, a veces sus percepciones de cómo opera el mundo tienen que cambiar para que le den una perspectiva fresca de sus circunstancias.

Todas sus experiencias le moldean hasta convertirle en una persona única a quien Dios puede usar para mejorar su vida y la vida de los demás, a medida que entra usted en su destino. Y las experiencias que más nos influyen son las configuraciones por defecto de la vida. Un niño que crece en un hogar abusivo puede tener una configuración mental en el modo "víctima". Si no es intencional respecto al cambio, responderá como la víctima, aunque ahora esté en situaciones de adulto. A un niño le afecta profundamente crecer en pobreza, y de adulto cuando se ocupe de asuntos financieros, será extremadamente cauteloso con el dinero o el exceso en sus gastos. Un hombre cuya primera esposa le haya dejado por otro hombre tendrá una configuración por defecto de desconfianza en sus futuras relaciones. Sin un reinicio, no podrá confiar en la mujer de su vida y quizá siempre sospeche que le engañará.

A veces, familias enteras se ven atrapadas en una configuración por defecto disfuncional en sus relaciones unos con otros. Generación tras generación cae en esta trampa cíclica, y solo unos pocos decididos consiguen salir. Por muchos familiares que pudieran estar atrapados en un ciclo destructivo, usted puede decidir cambiar y perseguir su destino. La única forma de salir de las prestaciones sociales es cambiar su configuración por defecto. La única forma de salir de las drogas, de salir de una vida de ignorancia o violencia, de una vida de mediocridad o una vida de depravación, ¡ya que ninguna de estas formas de vida es el destino señalado por Dios para usted!, es cambiar su configuración por defecto.

Las configuraciones por defecto de la vida no son necesariamente negativas. Nuestras configuraciones también pueden animarnos a una conducta positiva. Cuando usted se considera positivamente con una alta autoestima, su configuración por defecto dice que usted no es el tipo de persona que engaña a otros, que abusa de su cónyuge, que les falta el respeto a los ancianos, o que se gasta todo el dinero de su renta en un fin de semana en las Bahamas. Su configuración por defecto le dice: "Yo no hago esas cosas", y le aleja de la conducta negativa. No reinicie una buena programación mental y se estropee.

Examine su pensamiento, sus valores, y su autopercepción para estar en contacto con su actual configuración por defecto y decidir si es el momento de hacer algún ajuste.

Su configuración por defecto le dirá si está activamente involucrado en hacerse a usted mismo. Si no sabe conscientemente lo que significa hacerse, puede que esté actuando únicamente sobre la base de su programación por defecto. Conózcase para que sus acciones tengan propósito y estén enfocadas hacia Destino. ¡Aquí tiene cinco formas sencillas en que puede apretar el botón de reinicio para llegar a su destino!

1. **Reinicio social.** Quizá sea momento de reiniciar algunas de sus asociaciones. Eso no siempre significa dejar a sus viejos amigos sino tal vez ampliar su repertorio de asociados. Contactos nuevos, ideas nuevas y conversaciones nuevas vienen todos ellos a raíz de las nuevas asociaciones. Ganará al reiniciar sus prioridades en las relaciones.

2. **Reinicio espiritual.** Quizá sea el momento de profundizar sus raíces espirituales. Cambie su influencia espiritual. Solo porque sea religioso no significa que no tenga que actualizar su ingesta de fe. Alimentar su espíritu es muy

parecido a llenar el tanque de gasolina para un largo viaje. La espiritualidad es la gasolina que le lleva a Destino. Si no está completo interiormente, no será del todo capaz de optimizar las oportunidades. ¡Su don podría llevarle donde su carácter no le sostenga! A finales de la década de 1980 un brillante economista llamado Michael Milken fue acusado de asociación delictiva y delitos de fraude de valores. Milken fue sentenciado a diez años de prisión, multado con 600 millones de dólares, y la Comisión de Intercambio y Valores le negó la entrada permanentemente a la industria de valores. En ese momento de su vida, Milken tenía el don de hacer dinero, pero no el carácter. Después de cumplir dos años en prisión y sobrevivir a un episodio de cáncer de próstata, Milken tomó una dirección distinta. Aún tiene el don para hacer dinero y figura entre las quinientas personas más ricas del mundo. Estableció una fundación familiar y ha dedicado una cantidad importante de su tiempo y fortuna a ayudar a otros.

3. **Reinicio físico.** Se necesita fortaleza para vivir en su destino. Si está cansado, le falta energía, y no puede mantener el ritmo de los campeones, quizá su estilo de vida no sea saludable. ¡Entrene para triunfar! Quizá este sea el momento de reiniciar cómo alimenta el cuerpo que necesita para que funcione a su favor cuando lleguen las oportunidades. Aunque lo más importante es cómo se siente, su aspecto afecta a la forma en que la gente le percibe y se relaciona con usted. La gente toma nota cuando su piel no tiene un aspecto saludable debido a una mala nutrición. Ellos le ven moverse con más dificultad después de haber subido de peso. Cuando está en su mejor momento se siente mejor consigo mismo,

y eso se nota en su manera de caminar y la forma en que se presenta al mundo cada día.

4. **Reinicio emocional.** Domine las emociones que histórica-mente le han dominado a usted. No convertirse en presa fácil de los bajones y las trampas emocionales es clave para vivir su destino. La enfermedad emocional sin resolver y sin tratar se está extendiendo. Si necesita consejería, consígala. Si necesita valor para conseguir terapia, encuéntrelo. Pero no permita que las emociones malsanas estén sin revisar.

5. **Relájese para reiniciar.** Si vive en un entorno de alto estrés, como yo, tiene que saber cómo cuidar de usted a largo plazo. El descanso no es una pérdida de tiempo. El descanso es tan distinto de la vaguería como lo es la estrategia de la mani-pulación. El descanso rejuvenece, mientras que la vaguería deteriora. Las células de su cuerpo necesitan descansar para reconstruirse y fortificarle para otro día de desafíos. Encontrar formas de distanciarse de su norma y desintoxi-carse es importante. No son necesarias unas vacaciones caras. Encuentre formas de darle descanso a su cuerpo y a su mente del estrés diario. Un paseo por el parque, una visita a la tía Sadie, un viaje de acampada de fin de semana, o incluso una noche en el cine puede ser muy vigorizante.

Manténgase fuerte en la lucha

Nos hemos familiarizado con el concepto de reiniciar princi-palmente a través del uso de aparatos electrónicos. Reiniciar un teléfono celular o una tableta es normalmente tan rápido y simple como apretar un botón. No es tan fácil reiniciar una vida. A algunos nos parece muy difícil intentar reiniciar nuestra vida para poner rumbo adecuadamente hacia Destino.

El proceso de transformación puede ser abrumador. Si no tenemos cuidado, podemos ser absorbidos por la constante ola de desafíos a nuestros esfuerzos por dar un giro a nuestra vida.

Un alto porcentaje de ahogamientos se produce en aguas poco profundas, entre nadadores experimentados. Parece que sería sencillo estar de pie en aguas poco profundas si uno está a punto de ahogarse, pero un número increíble de personas se ahoga cada año por un fenómeno conocido como el desmayo en aguas poco profundas. Parece extraño que uno se pudiera ahogar en aguas poco profundas, especialmente cuando ha sobrevivido a las profundas. Es incongruente pensar que puede ahogarse en algo que podría dominar. Un nadador experimentado no espera ahogarse en aguas poco profundas.

Después de haber apretado el botón de reinicio de la vida, las cosas comienzan a cambiar, algunas para mejor y algunas aparentemente para peor. Imagínese que su vida es una canción con la que usted baila. Después, decide cambiar la música. Eso significa que tiene que cambiar cómo baila y se mueve. Quizá no siempre pueda adaptar rápidamente sus pasos para ir al ritmo del nuevo son. A veces nuestros problemas no surgen de las circunstancias que preveíamos, de la gente que imaginábamos o de los lugares que calculábamos. Por mucho que haya intentando planificar los problemas, nunca puede predecir cuánto tendrá que luchar o con qué intensidad.

La mayoría de las personas saben que las refriegas son parte del viaje de la vida, pero eso no hace que el viaje sea más fácil. Es un gran desafío aferrarse a su fortaleza durante esos momentos duros. Puede pelear con los desafíos durante tanto tiempo para alcanzar sus sueños, que comienza a preguntarse si Destino merece la pena lo que está teniendo que soportar. Tiene ganas de rendirse, no porque el objetivo no sea algo digno por lo que luchar, sino porque está cansado de pelear con los problemas y los asuntos. Sin embargo, día tras día pelea, esperando finalmente ver un destello de esa luz al final del túnel de Destino.

Puede que la lucha dure más, mucho más de lo que se imaginaba. Cuando llega al final de la lucha, apenas puede seguir. Se pregunta si está loco por aferrarse a ello. Ha estado luchando durante tanto tiempo que está agotado. Espera tener un golpe de suerte. Ora por un poco de favor divino. Busca ánimo, compasión y comprensión, pero principalmente busca alivio. Cuando se adentra en la batalla, lo que necesita es fuerza para continuar, incluso cuando parece que nada va a ocurrir.

Los tiempos más duros no son al principio de una lucha. El comienzo de una batalla le encuentra a usted fresco. Está vibrante y enérgico. Está preparado y listo para una pelea. Adopta una actitud de "¡Suéltenmelo!", sabiendo que puede ganar. Es capaz de poner toda su energía en la pelea porque está decidido a vencer cualquier cosa que salga a su encuentro.

Y puede hacerlo al principio. Cuando descubre que una aventura amorosa fuera del matrimonio está destrozando su matrimonio, ¡está listo para luchar! Está decidido a aferrarse a su cónyuge y a su familia. Usted es igualmente peligroso. Cuando se topa con una etapa difícil en su pequeña empresa, está listo para luchar para salvar la empresa que tanto le ha costado levantar. ¡Está dispuesto a ir al tatami!

Pero ¿qué hace cuando la batalla parece ser más tenaz que usted? ¿Cómo se mantiene fuerte contra lo que parece más fuerte que usted? ¿Cómo mantiene la resistencia mental, emocional y física para luchar con la suerte hasta que cambie favorablemente hacia su dirección? Cuando más cerca está de la orilla es cuando más cerca está de derrumbarse.

Florence Chadwick era una campeona de la natación. En 1952 intentó nadar un tramo del tranquilo océano Pacífico entre la isla Catalina de California y el litoral estatal. Al comenzar el viaje de casi 42 kilómetros, iba acompañada de pequeños barcos de ayudantes que estaban atentos a los tiburones y estaban preparados para ayudar a Florence en caso de que sufriera daños o se cansara. Una espesa niebla descendió después de unas quince horas de trayecto.

Florence recordaba que después de haber empleado ya tantas horas navegando por las aguas nadando, comenzó a dudar de su capacidad para lograrlo. No pensaba que podría hacerlo, pero seguía nadando. Nadó durante una hora más antes de pedir que la sacaran, físicamente y emocionalmente agotada. Estaba cansada, y en su mente la costa de California le parecía estar a un millón de kilómetros de distancia.

Después de subir a la barca, se enteró de que se había detenido a poco más de un kilómetro de su destino. No podía ver la orilla y el viaje comenzó a parecerle imposible. "Solo veía niebla", les decía a los reporteros al día siguiente. "Creo que si hubiera podido ver la orilla, lo habría conseguido".

Cuando nos parece que estamos muy lejos de nuestro destino, queremos abandonar. Es entonces cuando debemos mantenernos firmes y seguir en la lucha. ¡No se suba al barco y se detenga antes de llegar al destino previsto! Probablemente esté más cerca de lo que imagina. Siga viendo el destino en su mente para que le dé fuerza para seguir avanzando hacia él implacablemente, a pesar del cansancio, a pesar de los dolores, a pesar del sentimiento de querer abandonar.

Dos meses después del intento fallido de Florence, lo volvió a intentar desde la orilla de California hasta la isla Catalina. Durante el viaje, bajó la misma niebla, pero esta vez ella sí fue capaz de llegar a la orilla. Esta vez, sabía que tenía que mantener su destino a la vista. La segunda vez, Florence obtuvo la victoria porque mantuvo una imagen mental de la orilla en su mente mientras nadaba. No se olvidó de dónde iba y eso le dio fuerza para continuar hasta que llegó a su destino.

Cuando esté en la lucha, mantenga su destino a la vista. Si su meta es una vida mejor para sus hijos, tome un momento para verlos mientras duermen plácidamente durante la noche porque confían en que usted cuida de ellos. Si su meta es una buena forma física, mantenga esa imagen de usted mismo en buen estado físico y con su peso deseado. Mire fotografías antiguas de usted mismo y sepa que puede llegar a su peso deseado. Si su meta es la mejor oficina de la compañía, haga una foto de la misma y póngala donde pueda verla a menudo.

Mantenga su destino a la vista y continúe. Quizá esté más cerca de lo que cree. Le duele, pero continúe. Aunque esté magullado y golpeado, continúe. A lo mejor siente que se está apagando lentamente, ¡pero encuentre la fuerza para continuar! Nunca se rinda. Su próximo intento podría ser el que le lleve a la cima en su viaje a Destino. Su siguiente presentación en la empresa podría darle ese contrato millonario. Su asistencia a la siguiente función social a la que odia ir podría ser el lugar donde conozca a su cónyuge. Su siguiente entrevista de trabajo podría ser esa en la que oiga: "¡Está contratado!".

Atravesará la tormenta

Existen todo tipo de tormentas: físicas, económicas, emocionales, relacionales, vocacionales, familiares y otras parecidas. A su torbellino no le importa que el resto de su vida debe continuar. Las ventiscas emocionales, mentales, económicas, profesionales, físicas o espirituales pueden llegar y casi tener éxito engullendo su vida mientras intentan tirarle al suelo para la cuenta atrás. Un ciclón de sufrimiento podría llegar y atacar su salud, sin importarle que usted es el único proveedor de su casa. Un huracán de problemas puede llegar a su hogar y hacerle sentir que está filmando un episodio de *Teenagers Gone Wild*. La vida tiene todo tipo de altercados que tenemos que luchar para vencer.

Las tormentas más duras son las que otras personas no pueden ver. Los monzones de angustia no detectables hacen que la gente piense que no ha pasado por nada porque usted se levanta cada mañana, se da una ducha, se peina, se viste y sale a hacer sus cosas con una sonrisa que usted se pone como si fuera un traje. Esa es una tormenta secreta. La gente casada pasa por tormentas secretas. Quizá se dan las manos en público pero en casa pelean constantemente. El dueño de una empresa puede conducir un automóvil bonito y vivir en una gran casa, pero a la vez estar al borde de cerrar por bancarrota para darle una oportunidad de reorganizar la empresa. Mientras otras personas están celebrando los logros que pueden ver, quizá usted está batallando contra un silencioso huracán que ellos no pueden ver, y lucha con todas sus fuerzas para mantener la imagen.

Mantener una cierta figura pública es importante. No hay nada de malo en eso. Es razonable que proyectemos nuestra mejor cara en público. Usted presenta su mejor yo al mundo y, francamente, hay veces en que podría ser perjudicial para la gente conocer las batallas que usted está librando. Un agente inmobiliario tiene que dar una imagen de próspero, aunque esté teniendo un tiempo difícil en el mercado. La mayoría de personas sería escéptica a la hora de contratar a un agente inmobiliario que apareciera en un auto destartalado para llevarle a ver una posible casa en venta. La imagen es importante, pero intentar mantener esa imagen puede quebrantarle si está en una tormenta y no sabe cómo mantenerse fuerte.

Valoramos nuestra reputación y nuestro nombre. Queremos encajar en cierto grupo de gente, sea del grupo que sea: un grupo profesional, un grupo social, un grupo financiero, un grupo religioso, o incluso un grupo de la comunidad. Queremos que nuestros iguales y nuestro público piense que todo nos va bien y que no hay problemas. Podemos continuar mostrando esa imagen hasta que llega una verdadera calamidad. Como pastor, he podido estar en el punto más bajo de la vida de la gente cuando las cosas se ponen tan difíciles que ya no pueden seguir mostrando solo su imagen pública. Cuando los verdaderos problemas llegan, nadie tiene tiempo para una máscara o fachada.

Hay un nivel de transparencia que he podido ver en la gente, desde presidentes a pobres, porque he sido llamado a aconsejar en los momentos más difíciles de sus vidas. He aconsejado a algunas personas mientras se hundían privadamente pero a la vez hacían creer a los de fuera que todo iba bien. Una tormenta secreta es un tipo de infierno terrible en la tierra. Cuando pasa por una tormenta visible, alguien le dará un paraguas o le ayudará porque esa persona es consciente de su sufrimiento. Pero si nadie sabe que usted está en problemas, suponen que tal cual es su apariencia externa así se siente por dentro.

Las tormentas secretas son los traumas internos que sufre cuando alguien está celoso del auto que usted conduce, sin saber que se ha retrasado ya en dos pagos. No le dirá a todo el mundo que no puede pagar los plazos, así que trata su ansiedad como una tormenta privada. O los compañeros de trabajo que envidian su ascenso en el trabajo sin saber que tiene tanta presión en su nuevo puesto que ni siquiera puede dormir por la noche. Así que va cada día a trabajar y pone su cara de juego, sin revelar nunca la verdad de sus noches de insomnio.

"Si este es el destino de Dios para mí, ¿por qué estoy batallando con todas estas tormentas?". No se tome una tormenta de la vida como la ausencia de Dios. Cuando las personas están en una tormenta, tienden a preguntarse: ¿Dónde está Dios? Piensan que si Dios estuviera con ellos, no estarían en una tormenta y las cosas irían mejor. La familia no estaría alterada. No llamarían los cobradores. Se hacen preguntas como: "¿Cómo es posible que Dios esté conmigo y tenga cáncer?". "¿Cómo podría Dios dejar que muera mi hijo?". "¿Cómo es posible que me expropien mi casa?". Cuando estamos en una tormenta, la mayor parte de nuestro tiempo lo empleamos intentando saber cómo salir de ella. Por lo general, estamos tan enfocados en salir que no somos capaces de ver con claridad.

Nadie es capaz de ver con claridad en medio de una tormenta. Por eso debemos caminar en fe y no simplemente por lo que podemos ver. La tormenta es dura, pero hay un propósito en la tormenta. La tormenta no es cómoda, pero hay un propósito en su incomodidad. Dios tiene planes para usted incluso en la tormenta. Solo porque esté en una tormenta, eso no niega la presencia de Dios. Cuando termine de luchar contra la tormenta, tendrá más sabiduría, más tenacidad, más capacidad y más visión para llevarle hacia delante.

La tormenta puede hacerle más fuerte y darle confianza para manejar futuros retos. Es una parte de nuestro proceso de crecimiento. Los padres deben permitir que sus hijos aprendan a luchar bien y a ser fuertes para sobrevivir. Una joven que sufrió graves lesiones por un accidente de tráfico recordaba cómo su madre la dejó luchar durante su proceso de rehabilitación.

"Tuve que aprender a hacerlo todo de nuevo. Tuve que aprender a atarme los zapatos. Recuerdo caerme del sofá un día. Mi madre me oyó caerme, pero no vino a ayudarme. Me enojé mucho con ella en ese momento porque tardé casi una hora en volver a sentarme en el sofá. Después me di cuenta de que me dejó luchar para que aprendiera a vivir otra vez de forma independiente".

Dios no le hará sentir cómodo en la tormenta, pero estará ahí con usted. Dios tiene reservado un lugar para usted en la vida que es su destino. Esa es una promesa divina de su Creador. Llegará a Destino si no se rinde y no sucumbe ante la tormenta. No se distraiga tanto con la tormenta como para perder la conciencia de la presencia de Dios en la tormenta.

¿Está dirigiendo su vida sobre la base de lo que ve? ¿O está dirigiendo su vida sobre la base de lo que cree? En vez de conducirse en el ámbito sensual, condúzcase en el ámbito de la fe. Antes de que resplandezca el primer relámpago, antes de que suene el primer trueno, y antes de que se moje, resuelva una cosa: ¡Voy a salir de esta tormenta! Cuando vea las nubes oscuras moviéndose y sienta el aire húmedo, decida que va a salir de ahí. Quizá no tenga los detalles ni un plan completo para salir. Puede que no tenga el dinero para salir. Quizá no tenga las conexiones sociales o políticas para salir. Al margen de cómo vaya a ocurrir, ¡decida en su espíritu que saldrá de esa tormenta!

Las cosas más importantes de la vida requieren lucha. Cuando pelee sus tormentas, busque personas que lucharon y salieron. Ellos pueden ayudarle a saber que no está solo. Ellos pueden animarle a aguantar ahí porque la tormenta no durará para siempre. Ellos pueden sostenerle cuando sienta que está a punto de hundirse bajo la presión. Ellos pueden ayudarle a saber que si ellos pudieron salir, usted también podrá. Encuentre personas que lucharon de una forma similar y salieron. Entable relaciones con personas de confianza que puedan mantenerle conectado y sano mientras atraviesa su tormenta. Usted necesita personas que puedan afirmarle que ellos salieron y que usted también saldrá de esa tormenta.

Cambie su mente a una nueva normalidad

Una vez que reinicie su mente y haya cultivado una nueva normalidad, en raras ocasiones puede volver a los viejos pensamientos o conductas. Pero no se preocupe ni se aterre. Como ya no es su condición normal, no será una reversión permanente. Puede que regrese, pero no se quedará ahí. Un cerdo y una oveja se pueden caer en el mismo charco de lodo. El cerdo está condicionado a que le guste el barro porque le enfría y mantiene la temperatura de su cuerpo para que no aumente demasiado. Pero si una oveja se ve en ese mismo charco de lodo, probablemente dirá: "¡Este no es mi lugar!", y se dispondrá a salir.

Encuentre cuál es su lugar y decida cómo llegar a él. Quizá tenga primero que salir del lugar donde no se encuentra cómodo. Cuando vivía en West Virginia, conocí a una mujer que estaba en una relación de mucho abuso. Su esposo era un hombre grande, casi de mi tamaño, y ella medía como un tercio del tamaño de él. Él solía golpearla sin piedad, pero ella siempre regresaba a él. A pesar de todo lo que le decíamos, ella siempre regresaba con él.

Un día, finalmente ella se dio cuenta: "¡Este no es mi lugar!". Cuando cambió su mente ya no se aceptó como una mujer abusada. El marido no pudo seguir teniéndola cautiva mentalmente o físicamente. Mientras su mente estaba esclavizada al abuso del esposo, ella estaba prisionera. Lo mismo ocurre con ser esclavo de la deuda, la ignorancia, el analfabetismo o cualquier cosa que le aterre.

Quizá haya pasado por circunstancias terribles y degradantes, como abuso, pérdida de empleo, bancarrota, robo, pero no tiene que ser esclavo de esas experiencias. El primer reto es sacar su mente de ahí. Cuando su mente es libre, todo lo demás se vuelve posible. Cuando aclara su mente, puede ver la hermosa persona en la que se ha convertido y perseguir su destino.

La mente es una zona de guerra personal entre lo correcto y lo incorrecto, entre el éxito y la lucha, el destino y la mediocridad. No importa lo exitoso que usted sea, la batalla sigue estando ahí. Siempre tendrá el reto de mantener su mente en un nuevo lugar de normalidad porque hay constantemente nuevas situaciones, nuevos desafíos y nuevas oportunidades. Si no es lo suficientemente flexible para cambiar lo que hay en su cabeza, no podrá cambiar su vida: perder peso, ser fiel en el matrimonio, conseguir un nuevo trabajo, vivir de forma honesta y veraz.

Cambie su mente, o no cambiará ninguna otra cosa. ¿Está dispuesto a permitir que una nueva verdad sea plantada en su mente para reemplazar las experiencias pasadas? ¿O en su lugar se mantendrá esclavo de un futuro de ignorancia, debilidad, maldad o temor?

Una mente cambiada significa que incluso si personas acuden a usted con la misma conducta, usted no responde del mismo modo que solía hacerlo. Durante mi crianza, fui el bebé de la familia. Mi hermano y mi hermana solían hacerme cosquillas y hacerme reír, así que lo siguieron haciendo. Yo me reía tanto que no podía respirar. No me gustaba la sensación,

117

pero no podía impedir que lo siguieran haciendo. A través de esa experiencia encontré un secreto que era más poderoso que coartarles para que dejaran de hacerme cosquillas. Cambié mi mentalidad. Como no podía controlar que no me hicieran cosquillas, decidí que ya no respondería a sus cosquillas con risas. Y dejaron de hacerlo. Cuando no pudieron conseguir los resultados que deseaban, dejaron de querer hacerme cosquillas.

Esa temprana experiencia me enseñó un valiosa lección para toda la vida sobre el poder de una mente cambiada. Cuando usted decid que no es inepto, la persona que siempre le denigra con comentarios negativos dejará de tener poder sobre usted. La persona que le hace sentir inferior o le intimida no tendrá influencia sobre su mente cambiada. No tiene que ser algo que no quiere ser. Las emociones, los sentimientos, pensamientos o temores son secundarios. Cambie su mente.

CAPÍTULO 8

El tiempo vuela incluso cuando no se está divirtiendo

Dé pasos para proteger su valioso bien

Cuanto antes desarrolle un mentalidad para Destino, más días tendrá para dedicar sus dones al mundo. Cuanto más eficazmente use su tiempo para conocerse, mayor será su oportunidad de sacarle el máximo provecho a los días que ha recibido en la tierra. Aprecie el valor del tiempo enfocándose en lo que tiene delante, no lamentando lo que queda atrás.

Habrá oído la expresión: "A posteriori todo se ve muy claro". En cualquier etapa de la vida, podemos mirar atrás a lo que éramos y ver los dones o el potencial que pasamos por alto en nosotros. Vemos oportunidades perdidas que no podemos regresar y reclamar. Vemos un vigor juvenil que ha menguado con los años. Ver a posteriori puede generar sentimientos de lamento cuando no le sacamos el jugo al valor del tiempo.

¿Alguna vez ha dicho: "Ojalá hubiera sabido entonces lo que sé ahora"? Esa es una reflexión hecha por una persona que se da cuenta del valor del tiempo y la juventud. Los niños y los adolescentes se impacientan por crecer. Después, finalmente, pasan los años de instituto y de universidad y está trabajando en su primer empleo; consigue su primera casa. Entonces cumple los treinta y, después de eso, el tiempo empieza a pasar mucho más deprisa. Los años pasan volando. Usted mira atrás a su vida y se pregunta dónde están los años.

El tiempo es nuestro recurso más valioso porque no se puede reproducir o duplicar. Una vez que se fue, se fue. Puede conseguir más dinero, incluso aunque caiga en bancarrota. Puede conseguir otro trabajo tras perder uno. Puede conseguir otro automóvil si el suyo se lo han embargado. Puede conseguir otro cónyuge u otra casa. Pero no puede conseguir más tiempo si lo pierde o lo malgasta.

Usted no quiere lamentar el tiempo perdido o malgastado porque no estaba en sintonía con su destino. Tenga cuidado con el regalo del tiempo. No lamente las oportunidades perdidas. Sea sabio para saber que ahora mismo, usted es lo suficientemente inteligente, atractivo y seguro para caminar en el sendero de Destino.

El teólogo y autor alemán de nacimiento Joseph Wittig observó que una biografía debería comenzar con la muerte de la persona, porque ninguno de nosotros tiene control sobre cómo nació, pero todos tenemos mucho que ver con la forma en que termina nuestra vida. Sean cualesquiera las circunstancias en que nacimos, podemos escoger cómo usar nuestro tiempo, marcar una diferencia en nuestras vidas y dejar nuestra huella en los anales del tiempo.

Cada día es un reintegro del banco del tiempo

Yo nunca he aceptado calmadamente la idea de que la gente me robe. Yo puede que se lo dé, pero nunca acepto excusa alguna por haber sido robado. Cuanto mayor soy, reconozco que mi bien más preciado que más protección necesita de los ladrones no son los bienes materiales que uno normalmente protegería. Ropa, autos, joyas, casas, dinero o inversiones no son mis bienes más valiosos. El tiempo es lo que he aprendido a guardar y apreciar. Puedo comprarme un reloj nuevo, o un abrigo, o un auto si me roban el mío, pero no puedo recuperar mi tiempo. Es irremplazable, y por lo tanto, no tiene precio.

El valor del tiempo acumula el interés según se va terminando. Nuestro expandido uso de la tecnología es un buen ejemplo. Un adulto de sesenta años que está familiarizándose con el juego de los teléfonos inteligentes y las computadoras tiene una enorme curva de aprendizaje que vencer. A la inversa, un adulto de sesenta años que ha estado usando una computadora desde hace veinte años tiene una dificultad mucho menor a la hora de estar al día de los cambios tecnológicos. A mí me cuesta estar al día con el nuevo y mejorado mundo en el que vivimos. Aparatos y gigabytes le han dado un mordisco a mi confianza, ya que tengo que preguntar a mis nietos cómo subir una imagen en Instagram o descargar un documento en una nueva carpeta para la que no tengo una aplicación. El tiempo y la tecnología corren tan rápido que si mis padres estuvieran aquí hoy, ¡estarían en apuros intentando terminar una transacción en el supermercado! Verdaderamente, ¡casi me sonrojo en el supermercado al intentar pagar!

Imagínese un banco que depositara en su cuenta cada mañana $86,400. El saldo no se acumula de día en día. A medianoche la cuenta se actualiza de nuevo a los $86,400 y borra cualquier parte del saldo del día anterior que usted no hubiera usado. No hay garantía de que le volverán a dar otro día con $86,400. ¿Qué haría? Sacar hasta el último centavo, ¡por supuesto!

Cada uno de nosotros tiene un banco así. Se llama tiempo. Cada mañana, usted se despierta con un crédito de 86 400 segundos. Cada noche, lo que usted no usó en el día se perdió.

El tiempo no acumula el saldo de un día para otro. El tiempo no permite descubiertos y no puede usar lo que no fue usado el día anterior. Si no usa el depósito del día, usted lo pierde. No se puede regresar atrás. No hay reintegros contra el "mañana". Viva en el presente con los ingresos de hoy.

El tiempo no tiene precio

Yo observaba junto a la cama de mi madre en sus últimos momentos. Según se desvanecía su respiración, durante cada sesenta segundos que seguía viva, me daba cuenta del valor de un minuto. Su transición me ayudó a entender los muchos preciosos segundos de mi propia vida en los que había permitido que la duda y el temor se adentraran en mí y me robaran, ciego a los momentos que nunca volvería a recuperar. Aún puedo oír la débil respiración escapar de sus frágiles pulmones cada vez que me encontraba estacionado en el camino a Destino debido a alguna trivialidad que no justifica una parada de descanso o una reducción en la velocidad de mi vida.

Pensar en la muerte de mi madre me hizo ser mucho más protector con mi tiempo y con la manera en que lo utilizo. Mi mamá, que era maestra, me enseñó una valiosa lección que estoy intentando transmitirle a usted. He caminado por los pasillos del Congreso y he visto diputados y senadores trabajando aún a los ochenta años, y me he preguntado por qué muchos aceptamos la idea de que nuestra contribución a la vida ¡termina a los sesenta y cinco! Solo porque usted no haga lo que solía hacer, ¡no significa que no pueda contribuir de alguna manera!

Destino no nos permitirá gastar nuestros días sin enfoque e indiferentes, solo para darnos cuenta de lo que hemos perdido cuando ya se ha ido. Para entender el valor de un año, tan solo pregúntele a un estudiante de último año del instituto que suspendió alguna asignatura. Para saber la importancia de un mes, hable con una madre que dio a luz un bebé prematuro. ¿Cuánto vale una hora? Pregúntele al empresario que tuvo un retraso en un vuelo y perdió una importante reunión de trabajo. Cada minuto es incalculable. Si no lo cree, tan solo pregúntele al hombre que tuvo un ataque al corazón y el equipo médico de urgencias llegó justo a tiempo para salvar su vida. No puede subestimar el valor de incluso un segundo. Solo pregúntele a la persona que por poco tuvo una colisión frontal con otro vehículo en la carretera. Incluso un milisegundo puede cambiar su vida, como lo haría en el caso de un atleta olímpico que no se clasificó por seis décimas de segundo.

Ocúpese de su propia ocupación

La mayoría sentimos que nunca hay suficiente tiempo, que hay demasiadas cosas que tiran de nosotros. ¿Por qué sentimos que no hay tiempo para lograr nuestro destino? El asunto no es el tiempo o que usted esté ocupado, sino si las acciones y actividades que consumen su tiempo le están llevando a su destino. ¿O son las prioridades de otros que quieren que usted avance sus agendas? ¿Pasa usted tiempo haciendo lo que en verdad obstaculiza su capacidad de llegar donde quiere estar?

Es fácil dejar que los intereses de otros controlen su vida. La agenda de ellos puede consumir su tiempo. No emplee su tiempo en actividades que no tengan nada que ver con su destino. No se enrede con lo que satisface las necesidades de otros pero no las suyas. Usted no tiene tiempo para perseguir el curso de otros hacia Destino. Consumirá todo su tiempo y no podrá seguir en su propio curso.

Sí, comparta su tiempo, pero no invierta más en otros que

en usted mismo. Las personas que dan de sí mismas pueden creer erróneamente que Destino es para todos menos para ellas. Animan a todos menos a sí mismos. Empujan a otros pero nunca se enfocan en ellos mismos. Vivir a través de otros no es Destino.

Cuidado con la persecución rápida de Destino

Cuando vemos un loco al volante por la carretera, nos apartamos a un lado porque sabemos que se chocará. Algunos viajan por el camino de su vida a gran velocidad. Todo tiene que ocurrir rápidamente. Llegarán donde van rápido. Tienen que ir por delante de todos. No tienen tiempo para nada de lo que ocurre a su alrededor porque están intentando llegar enseguida a algún lugar. Usted quizá incluso envidie su rápido éxito. Después, durante el viaje, chocan. A veces por la adicción; quizá por el escándalo público y no está la esposa de Popeye para salvarlos; a veces por tener todo lo que querían y aun así sentirse desgraciados. A veces, los retos y las dificultades son lo que nos hace conocer el valor de lo que hemos logrado.

Nuestra cultura valora la rapidez. Queremos la mayor velocidad de la Internet para nuestra computadora. Nos hemos acostumbrado a obtener nuestras comidas rápidamente de los restaurantes de comida rápida. Valoramos los automóviles veloces. Los institutos se especializan en la educación a distancia, promoviendo lo rápidamente que usted puede conseguir una educación. Los prestamistas anuncian créditos instantáneos conseguidos por teléfono o en línea. Nuestra obsesión por todo lo que es rápido nos hace querer poner nuestro destino en un cronómetro también. El destino no puede acelerarse ni se apresurará.

Nuestra acelerada cultura puede hacer que nos frustremos con el proceso de Destino. Jentezen Franklin, mi colega en el ministerio, apuntó: "Somos una generación de microondas sirviendo a un Dios que trabaja en una olla a fuego lento". El ritmo de Destino no acelera porque usted y yo tengamos prisa. Confíe en que Dios tiene una razón para los retrasos y aparentes reveses. Dios está mezclando lentamente los ingredientes en la olla de su vida, haciendo que los sabores hiervan a fuego lento y se mezclen. Ese proceso lento y creativo no puede suceder en un horno microondas. Un microondas es un electrodoméstico conveniente, pero nunca se creó con la intención de reemplazar a un fuego convencional.

Algunas cosas sencillamente necesitan tiempo. Tartas, carne asada a la cazuela y los pavos se sirven mejor cuando se han preparado lentamente, con atención al detalle de todos los ingredientes necesarios. Una cocina apresurada simplemente no produce las mejores comidas. Del mismo modo, una carrera a paso acelerado puede tener éxito, pero no hay modo de engañar con tiempo y experiencia. Una persona que consigue rápidamente el éxito experimentará algunos baches muy fuertes durante el camino. Viajar más lento permite tener tiempo para madurar y experiencia para convertirle en la persona que encajará cómodamente en su destino.

El proceso del destino está estableciendo sus cimientos, creando un yo más fuerte en usted que tenga la capacidad de soportar todo lo que demande su destino. Hay un plan para su vida. El que este se despliegue poco a poco, en lugar de aparecer mágicamente en un estallido instantáneo de humo, puede, no obstante, ser frustrante y desalentador.

Saboree cada momento del tiempo

Si usted hiciera un viaje para cruzarse el país desde la costa este a la costa oeste y pudiera ver solo la autopista que tiene delante, se perdería todas las vistas, vastos paisajes, el clima cambiante y la gente que se encuentra por el camino. No experimentaría la amabilidad sureña del atento empleado de la gasolinera, las bonitas filas de cultivos mientras viaja por el medio oeste, las luces brillantes del oasis desierto de Las Vegas, o los monumentos emblemáticos nacionales durante el camino. Usted llegaría a su destino, pero no conocería nada acerca de su viaje hasta allí. Estaría contento de haber llegado a su destino, pero ¿no habría sido el viaje mucho más rico si hubiera experimentado aquello que dejó atrás hasta llegar ahí? No se obceque tanto con llegar a su destino hasta el punto de ignorar que Destino es un proceso. El viaje a Destino tiene tanto propósito como lo que logra cuando llega al lugar donde quiere estar. Los errores, lamentos, victorias y personas que se encuentra en su camino son todo ello parte de su magnífico viaje.

Cuando el presidente Obama juró su segundo mandato, antes de abandonar la plataforma y subir los pocos peldaños hasta desaparecer por el corredor cubierto del Capitolio, se giró e hizo una pausa para echar una última y larga mirada a las decenas de miles de americanos que se habían reunido ese frío día de enero para ser testigos de su segunda ceremonia de toma de posesión. Él sabía que nunca más volvería a estar en ese lugar como presidente de los Estados Unidos. Fue un momento que estoy seguro de que él quería saborear.

Podemos estar tan ocupados con el proceso de Destino que nos olvidamos de tomar tiempo para saborear los momentos especiales, e incluso los cotidianos. Descubrimos solo a posteriori lo mucho más que podríamos haber obtenido de esos momentos si hubiéramos estado prestando atención. Comenzamos a darnos cuenta de lo que nos perdimos cuando un jovencito de aspecto extraño llega a la puerta de casa para salir con la niñita con coleta que solía aferrarse a la pierna de su mamá. El niño al que le encantaba jugar con las tortugas ninja ahora solamente está interesado en conseguir que usted le dé su paga y las llaves del automóvil. Desde la esquina de su oficina ve a un empleado recién contratado, un joven graduado lleno de idealismo y determinación para desafiar al sistema, trotando para ir a almorzar con los compañeros y usted sonríe, porque ese era antes usted. Quizá oiga una canción en su vieja emisora favorita que le recuerda sus días como universitario y los tiempos tranquilos que compartía con sus compañeros de cuarto y de clase.

Mientras se prepara para su destino mañana, dedique tiempo a saborear su viaje a Destino: su presente. Disfrute de los tiempo de su vida, incluso de los momentos muy movidos. Alégrese en el ahora, con todos sus retos. No tendrá un viaje totalmente tranquilo hacia la vida que desea. Decepciones, reveses y fallos estrepitosos estarán inmiscuidos en lo que inevitablemente parecerán muy pocos éxitos. Pero saboree su vida tal y como es ahora.

¡Valore cada momento que tenga! Preste atención a las sabias palabras del caricaturista Bil Keane: "Ayer es historia. Mañana es un misterio. Hoy es un regalo. ¡Por eso se llama presente!".

Destino no se jubila

Vi a mi querida amiga Joyce Meyer enseñar desde una silla en televisión el otro día y pensé: "No importa qué dolencia esté sufriendo, ella sigue sirviendo a su generación y sigue siendo productiva". ¡Eso es un mensaje de fe! ¡Servir contra todo pronóstico es prueba positiva de que la fe no se acobarda con el tiempo!

Usted y yo debemos valorar los momentos que tenemos en esta tierra y no permitir que la inevitable necesidad de cambiar ciertas metodologías nos intimide para que dejemos de ser productivos. Por ejemplo, la mayoría de las ofertas de empleo hoy día se hacen en línea, así que si su destreza con la computadora no es buena, quizá le resulte difícil encontrar un trabajo. También, actualmente algunas cosas solo se pueden comprar en línea usando una tarjeta de crédito o débito. Si usted solo puede pagar con efectivo o cheque, quizá sufra ansiedad al intentar comprar en la Internet.

Yo nunca quisiera ser como el personaje bíblico de Noemí, quien había enterrado su fe porque había perdido a sus seres queridos y estaba entrando en una nueva etapa. Noemí tuvo que aprender que su tarea simplemente había cambiado, ¡no se había terminado! Es importante reconocer las tareas cambiadas. A medida que nos hacemos mayores, las limitaciones físicas quizá nos impongan límites en lo que esperamos lograr. Lo único que necesitamos es fe y decisión para continuar a pesar de nuestros retos.

Es muy fácil dar por perdido el futuro cuando alcanzamos cierta edad. Yo tenía unos cuarenta años cuando visité a mi anciana abuela, ¡y neciamente le dije que me estaba haciendo mayor! En mi mente yo era mayor, ¡era lo más mayor que había sido nunca! Ella se rió disimuladamente de mi mal cálculo y respondió con unas palabras que nunca olvidaré. Me miró y sonrió. "Tommy, mientras puedas levantarte sin planearlo durante media hora, ¡aún no eres mayor!". La abuela me enseñó en ese momento que la perspectiva está directamente relacionada con la producción. ¿Sería posible que para seguir siendo productivo, usted tuviera que cambiar su perspectiva?

Tenemos que prestar atención a lo que está sucediendo a nuestro alrededor. Si no, comenzaremos a pensar que cada persona de éxito es más joven, más inteligente o que tiene más perspicacia para adelantarse.

En verdad, muchos adultos mayores se matriculan en la universidad para obtener una carrera o estudios avanzados. Más personas que nunca están aceptando paquetes de incentivos de jubilación y dejando las empresas o los puestos de gobierno para involucrarse en un propósito distinto. A menudo, las personas hacen trabajos que quizá no les satisfacen o incluso no desean porque tienen una familia que sostener o algún otro tipo de obligación que les fuerza a cierta línea de trabajo. Pero cuando los niños se hacen adultos y se mantienen por sí solos, o los ancianos padres han fallecido, o han terminado de pagar la hipoteca, las personas comienzan a ver la vida sobre la base de las cosas que quieren hacer en vez de las cosas que se sienten obligados a hacer. Por favor, esfuércese para no ser la persona que se hace mayor y se amarga por las oportunidades perdidas mientras no afirma a los más jóvenes que entienden y han sabido utilizar cada momento valioso.

Alguien sabiamente observó: "Hoy usted es lo más mayor que ha sido jamás y lo más joven que será jamás". El tiempo está avanzando, no retrocediendo. Nunca regresará a cómo solían ser las cosas. Los buenos ratos del ayer, los cuales algunos lamentan que hayan pasado, probablemente no eran tan buenos en primer lugar. La gente tiende a glorificar el pasado, especialmente cuando está luchando con el futuro. Ciertamente, todos nos hacemos mayores, ¡con cada milisegundo! Pero solo porque el tiempo continúe avanzando no es razón para entrar en la falta de productividad y permitir que sus temores le roben las oportunidades. La brisa fresca de la muerte anima al corazón para que maximice el momento.

A veces, la realidad del tiempo perdido es el fuego que

arde bajo nuestros pies para hacer que nos movamos a nuevos caminos de Destino. La edad no es una excusa para la falta de productividad. Mientras despierte cada mañana, tiene más que hacer. Podemos aprender del ejemplo de muchas personas que consiguieron grandes logros a una edad en la que la mayoría de nosotros fijaríamos la jubilación. Abuela Moses no comenzó a pintar hasta que cumplió los setenta y seis años. Probó su mano como artista cuando su mano se quedó demasiado rígida como para hacer ganchillo. Satchel Paige se convirtió en el jugador más mayor de la principal liga de béisbol a los cincuenta y nueve años cuando jugó para los Kansas City Athletics en 1965. Coco Chanel fue la directora de su firma de diseño de moda a los ochenta y cinco años. La autora Laura Ingalls Wilder publicó su primer libro a los sesenta y cuatro, relatando su vida como esposa y madre, lo cual se convirtió en la base de la serie televisiva *La casa de la pradera*.

Usted puede jubilarse de un trabajo, pero no de su destino. Cada día que está vivo es una señal de que tiene más que aportar a la vida. Si no lo hiciera, estaría muerto. Así que deje de preocuparse por si es demasiado tarde para que usted haga algo y concéntrese en las habilidades que tiene y cómo pueden ser una valiosa contribución a la sociedad. Quizá no puede hacer lo que soñaba hacer originalmente, pero eso no es razón para guardar su destino en un armario. No puede entrar a la NBA a los cuarenta años, pero puede ayudar a entrenar a jóvenes atletas y recordarles que mantengan su cabeza clara entre los elogios de la multitud que les aclama. Quizá se le haya pasado el tiempo de tener su propio bebé, pero puede adoptar o ser mentor de hijos mediante un programa comunitario respetado. El proceso de envejecimiento puede darle la sabiduría y exposición que necesita para involucrarse en un proyecto o tarea que nunca había considerado.

Recuerde el dicho de que la edad es tan solo un número. Es importante respetar el tiempo como un bien valioso, pero es incluso más importante saborear el tiempo que le quede para maximizar cada momento para Destino.

Aparte sus ojos del reloj

A pesar de lo valioso que es el tiempo, no tiene que paralizarse por el sentimiento de haber perdido el tiempo. Quizá haya perdido muchas oportunidades y sienta que se ha desviado tanto en la vida, que Destino es algo que ya parece imposible. Al mirar los logros de otros, puede parecerle que ellos han viajado por la súper autopista del éxito mientras que usted ha quedado consignado a la ruta pintoresca, y la vista tampoco es demasiado atractiva.

La mayoría de personas no están contentas con lo que han conseguido durante el transcurso de su vida. Si se hiciera millonario a los cincuenta, puede que se sienta un inepto porque se está comparando con alguien que se hizo millonario a los veintiuno. Si consiguió una licenciatura a los cuarenta, quizá se sienta un inepto porque muchos otros terminaron antes de cumplir los treinta. Cuando se enfoca en hacerse, puede apreciar los logros que ha conseguido, aunque tardara en conseguirlos más de lo que pensaba.

Hacerse puede significar que tarda más en tener éxito en algo de lo que tarda otra persona. Si está pensando que es demasiado mayor para conseguir su sueño, pregúntese cómo será de mayor cuando abandone la búsqueda. El tiempo es importante; es vital. Pero no deje que el paso del tiempo sea su excusa para no perseguir Destino. Aún tiene un propósito.

Mirar el reloj para juzgar sus logros puede hacer que quiera rendirse. Siga empujando. Sus retrasos quizá le hayan dado una experiencia y sabiduría que le impulsarán al lugar donde se supone que debe estar. Sus reveses puede que le hayan dado la madurez de saber cómo enfocarse en lo que es importante. Sus decepciones quizá le hayan preparado para atrapar y verdaderamente apreciar futuras oportunidades.

El tiempo de Dios no es el nuestro. Nosotros no sumamos el tiempo del mismo modo que lo hace Dios, así que no lo intente, pues solo conseguirá frustrarse. Como el tiempo está en las manos del Todopoderoso, Dios puede usar cada día que le queda para terminar la tarea que ha sido llamado a cumplir. El tiempo es demasiado precioso como para malgastarlo, pero el tiempo no es el factor determinante en su destino. Ese lo es una asociación entre usted y su Creador.

No se muera en su nido

En el capítulo 3 hablé sobre las águilas. Una mamá águila saca a sus aguiluchos del nido y les deja que aprendan a volar. Llega el día en que cada persona debe dejar la seguridad del nido y perseguir su destino.

Sin embargo, he conocido a personas que nunca salieron de su nido. Siempre tienen una excusa para por qué no han logrado nada o por qué se han visto obstaculizados a la hora de cumplir un sueño.

No se muera en su nido. Salga y viva la vida que Dios pretendía que viviera. Solo usted puede vivirla. Dios necesita que usted la viva. Usted necesita vivirla.

La nuestra es una cultura muy interesante en la que todos quieren vivir mucho tiempo pero nadie quiere hacerse mayor. La longevidad, no obstante, no debería ser nuestro principal propósito en la vida. Es fácil vivir una vida larga, al menos en

América. Echemos un vistazo al Departamento de Salud de los Estados Unidos y las estadísticas de los Servicios Humanos: de cada cien mil personas, el 94 por ciento llega a los cincuenta años de edad, más del 77 por ciento llega hasta los setenta, y casi el 40 por ciento llega a los ochenta y cinco o más. Muchas personas viven mucho tiempo, pero lo importante es lo que hacen con ese tiempo. Más bien, deberíamos preocuparnos por dar significado y valor a todos nuestros años.

La mayoría de los productos que compramos en el supermercado tienen fecha de caducidad. Cualquiera que se haya bebido un vaso de leche después de la fecha que hay en el envase sabe que es importante prestar atención a la fecha impresa. Ninguno de nosotros conoce la fecha de caducidad de su vida, pero todos podemos estar seguros de que llegará. Ya que sabemos que esto es cierto, ¿cómo podríamos abordar los días que Dios nos ha dado? ¿Cuántos días ha vivido usted, y qué ha hecho con esos días?

La joven Ruby Bridges fue elegida a los seis años de edad para incorporarse a las escuelas primarias de Nueva Orleans. Había vivido solo unos 2.200 días antes de enseñarle al mundo la fe de una niña cuando marchaba inocentemente a la escuela entre cánticos racistas. Ana Frank vivió solo unos 5.700 días, pero el diario que escribió acerca de sus días en soledad durante la Segunda Guerra Mundial tocaría al mundo. Martin Luther King vivió solo unos 14.300 días; pero cambió la historia durante sus treinta y nueve años.

Nuestras vidas son una serie de días, uno tras otro. Cada día es una oportunidad de aceptar la invitación del Destino, o pasar de largo.

CAPÍTULO 9

❂

Mantenga la visión de Destino

Conecte de dónde viene con dónde va

El Sr. Smith llega al cielo. San Pedro está situado en las puertas de perlas para darle un tour al nuevo residente del cielo. Los dos caminan juntos, viendo todas las glorias del cielo: las calles pavimentadas con oro, las casas grandiosas de los fieles. El hombre observa un almacén que no encaja con el escenario celestial. El edificio no tiene ventanas, solo una puerta.

"¿Qué hay dentro de ese edificio?", pregunta.

San Pedro vacila en responder. "No creo que le guste ver lo que hay dentro".

El Sr. Smith se pregunta: "¿Por qué habrá secretos en el cielo? Debe de haber algo muy especial ahí dentro". Él ruega ver el interior del edificio.

Finalmente, Pedro cede. "De acuerdo, Sr. Smith, pero recuerde que le dije que no creo que le guste ver lo que hay dentro".

La puerta se abre y el Sr. Smith se apresura a entrar. Para su deleite, la cavernosa estructura está llena de fila tras fila de estanterías, cada una perfectamente llena desde el suelo hasta el techo con bonitas cajas atadas con lazos rojos. Cada caja tiene un nombre escrito.

"¿Tengo yo una de estas?", le pregunta el Sr. Smith a San Pedro.

"Sí, tiene", responde San Pedro mientras intenta guiar al Sr. Smith de nuevo fuera. Pero el Sr. Smith se apresura hasta la sección S y encuentra la caja con su nombre escrito. Cuando llega San Pedro, el Sr. Smith está deshaciendo el lazo rojo de su caja y quitando la tapa. Mira en el interior y al instante reconoce el contenido. Se le escapa un profundo suspiro de lamento. San Pedro ha oído ese suspiro en incontables ocasiones. Dentro de la caja están todos los dones que Dios quería darle al Sr. Smith mientras estaba en la tierra, pero desgraciadamente, el Sr. Smith nunca intentó usar los dones que recibió, así que Dios no pudo darle más.

No deje sin abrir los dones que Dios le ha dado. No se vaya de este planeta habiéndose perdido las grandes oportunidades que Dios tiene para usted. Quite la tapa de sus habilidades, busque en la caja de sus talentos, y use cada don que Dios le ha dado. Dedíquese a cumplir el propósito único que es su destino.

Corra la carrera con anteojeras puestas

Hay pocas cosas más bonitas que la gracia, forma y estilo de un caballo de carreras en competición. Además de todos los años de planificación, entrenamiento y cría, una carrera de caballos confía en un pequeño pero crítico aparato: la cabezada del caballo. Esta pieza esencial del equipo marca la diferencia en la carrera. Las anteojeras bloquean la visión trasera y lateral del caballo de carreras, forzándole a enfocarse solo en dirección hacia delante. Los caballos de carreras necesitan anteojeras, o blinkers, para evitar que se salgan de su recorrido durante la carrera.

¿Qué ocurriría si usted pudiera ponerse unas anteojeras que le mantuvieran enfocado en Destino y sin que las circunstancias que le rodean le distrajeran? ¿Qué ocurriría si las anteojeras pudieran ayudarle a ignorar las críticas de la gente que no cree que está haciendo un trabajo lo suficientemente bueno, aunque usted esté dando lo mejor de sí? Las anteojeras podrían ayudarle a olvidar el pasado que tiene que dejar atrás. ¿No sería Destino mucho más sencillo si pudiéramos llevar una cabezada que nos ayudara a ignorar lo que no importa?

Si *existiera* un aparato así, usted perdería los beneficios de tener una visión completa. La visión periférica evita que pueda ser atacado por detrás. Usted tiene que poder mirar hacia atrás para saber a dónde no regresar. Necesita la capacidad de ver si algo se aproxima a usted por detrás.

Pero puede desarrollar la capacidad de llevar unas útiles anteojeras mentales.

Cuando los caballos corren, van muy juntos, así que es esencial que no presten atención a lo que estén haciendo los caballos que hay a su derecha y a su izquierda. La capacidad de cada caballo de terminar la carrera depende de su enfoque en la pista que tiene por delante. Aprenda el arte de llevar puestas anteojeras mentales para que no se distraiga fácilmente con la carrera de otro. Su mejor amigo del instituto ya tiene su maestría, y usted acaba de regresar a sus estudio para terminar su carrera. Su vecino se acaba de comprar un gran automóvil de lujo, y usted conduce uno viejo que ya está pagado para así poder saldar la deuda de su tarjeta de crédito. Todas sus amigas se han casado, y usted es la única que sigue soltera. Usted no ha podido alcanzar su destino porque está demasiado preocupado por lo que otras personas dicen de usted, está consumido con quién tiene más dinero en el banco, una casa más grande, más educación o la carrera más prestigiosa. Póngase unas anteojeras. Sus anteojeras mentales le impedirán distraerse con la convención y el temor y la inactividad. Las distracciones destruyen Destino.

¡El viaje de otro no tiene nada que ver con el de usted!

Cuando su propio viaje no discurre tan recto como a usted le gustaría, es fácil enfocarse en lo que otros están haciendo. Desarrolle la habilidad de no salirse del recorrido, su recorrido, y seguir avanzando hacia delante. Ciertamente, puede prestar atención al viaje de otra persona para obtener ideas o inspiración, pero no se vuelva competitivo. Enfóquese en hacia dónde se dirige usted. Como el mago de Oz le dijo a Dorothy y su grupo: "¡No presten atención a ese hombre detrás de la cortina!". No emplee su tiempo obsesionado con lo que otros están haciendo. Viajar por su propio camino a Destino es algo que le consume todo su tiempo disponible.

Sus anteojeras mentales también le pueden ayudar a ignorar los pensamientos y sentimientos contraproducentes que se producen dentro de usted cuando el camino se vuelve difícil y escabroso. Encauce su mente poniéndose sus anteojeras para ignorar los sentimientos de ansiedad que pueden incapacitarle. Sus anteojeras pueden ayudarle a ignorar las inseguridades que le hacen tener miedo de decir: "Mi trabajo es lo suficientemente bueno". Sus anteojeras pueden ayudarle a obviar el mensaje negativo de que lo que usted desea es imposible. Sus anteojeras mantendrán su visión de Destino delante de usted para que continúe llenándolo con todas sus energías.

Todas estas especulaciones negativas son distracciones que le desgastarán y desenfocarán su vida.

No se obsesione con lo que otras personas están haciendo. Su destino no es vivir para estar a la altura de sus vecinos. Lo que Dios tiene para su vida es mucho más emocionante que imaginar lo que está ocurriendo en la vida de los demás. Su camino a Destino es distinto al de todos los demás. Siga mirando hacia delante y deje que la creatividad de Dios se desarrolle en su vida y le sorprenda.

Yo casi era adulto cuando me di cuenta de que cuando era niño, éramos pobres. Lo único que sabía entonces era que la vida era buena y que mis padres nos amaban. No teníamos muchas cosas, pero teníamos amor. Según fui creciendo, de vez en cuando veía cosas que me dejaban saber que éramos pobres. Recuerdo no saber qué era la salsa de espagueti. No sabía qué eran las albóndigas tampoco. Cuando nuestra madre hacía espagueti les ponía kétchup. La primera vez que vi la verdadera salsa de espagueti, recelé de comérmelos. "¿Por qué esos espagueti tienen eso encima?", pregunté cuando vi los pimientos verdes, la carne picada y especias en la salsa. Cosas así me ayudaron a saber que éramos pobres. Pero aunque mi madre le ponía kétchup a los espagueti que comíamos, mis padres también nos dieron una visión de una vida más allá de lo que nos permitía nuestro estatus económico. Nos llevaban a espectáculos de ballet y conciertos sinfónicos gratuitos para exponernos a otras culturas. Nos llevaban en el auto a recorrer vecindarios de gente rica para que pudiéramos ver cómo vivían otras personas.

Nuestros padres dedicaron tiempo a enseñarnos muchas cosas. Mi padre, un portero que formó su propia empresa, nos hablaba de la empresa: la importancia de pagar los impuestos trimestrales y mantener el trabajo de oficina en orden. Y aunque yo era tan solo un niño interesado principalmente en jugar, las lecciones que me enseñó se quedaron conmigo y me ayudaron a posicionarme para un día convertirme en director general de mi propia empresa.

Dios tiene su manera de tomar las piezas desconectadas de su vida y juntarlas para dar forma a su destino. Ya fuera que creciera siendo pobre, de clase media o rico, sus experiencias juegan un papel en su vida. Ya sea que tuviera un padre, o padre y madre, o fuera educado en una casa de acogida, la manera en que usted creció es importante para su vida. Si usted era popular en la escuela o si era la fea del baile que se sentía mal e incómoda en situaciones sociales, su vida fue afectada por eso. Nada de lo que ha vivido será malgastado. Cada elemento de quien es usted le ha llevado a donde está ahora, y continuará influyendo en su camino a Destino.

Todas las personas han tenido algunas experiencias que les hicieron plantearse la siguiente pregunta: "¿Por qué estoy pasando por esto?". ¿Por qué mi padre murió y nos dejó desamparados? ¿Por qué mi madrastra era tan mala conmigo? ¿Por qué tuve cáncer cuando era niño? ¿Por qué tuve que dejar la universidad para cuidar de mi madre alcohólica? Nuestras dificultades moldean nuestras vidas, pero también lo hacen las experiencias normales de cada día. Situaciones que parecían insignificantes pueden haber tenido una influencia mayor sobre su vida de la que usted se imagina, como hacer recados para la Sra. Ruth, la vecina de al lado. Cortar el césped para ganar dinero cuando no había escuela, tener una ruta para repartir periódicos, jugar al baloncesto, presentarse para ser la reina del baile de despedida, o conseguir un trabajo a tiempo parcial en una hamburguesería, son todas ellas experiencias que pueden ayudarnos a edificarnos y moldearnos para un propósito que es mucho mayor que todo lo que podíamos ver en ese entonces.

Cuando usted es bendecido para actuar en Destino, puede mirar atrás a sus experiencias y ver cómo todas le ayudaron a posicionarle. Usted se da cuenta de que las situaciones que parecían retrasos, de hecho fueron oportunidades para crecer, para ganar experiencia y para conocer a gente que le ayudaría después en la vida. Vea cómo Dios usó todos esos eventos para moldearle. Incluso las cosas que no quería, si lo permite, pueden ser ladrillos con los que puede edificar un usted mejor y más fuerte.

Cuando Destino sea su enfoque, se dará cuenta de que ninguna de las experiencias que ha tenido, ninguna lección que ha aprendido, ningún quebradero de cabeza que ha sufrido, ninguna lágrima que ha vertido ha sido en balde. No se preocupe de quién no le crió, de si papá era un trotamundos. Olvídese de quién no le amó si le partió el corazón alguien que supuestamente debería haberle cuidado. Si se abre a ellas, estas cosas pueden ser utilizadas para edificarle, no para destruirle. Aprenda a ver de modo diferente todo aquello por lo que ha pasado y deshágase de la mentalidad de víctima. Dios usará todas sus experiencias para fortalecerle con sabiduría y conocimiento para que cumpla su destino.

¿Por qué lo hace Dios así? ¿Por qué Dios no le equipa con lo que necesita sin hacerle pasar por todo eso? La respuesta es bastante simple. Usted no puede llevar a la gente donde usted mismo no ha ido. Dios le permite experimentar algunas cosas, y luego le hace pasar por ellas para que pueda ayudar a otros debido a lo que usted ha vivido. ¿Cómo puede guiar a otros hasta un lugar al que usted mismo aún anhela llegar o no ha llegado nunca? La mejor educación que reciba para equiparle para Destino no la conseguirá en un aula de clases, ni tan siquiera en instituciones muy prestigiosas como Harvard, o Howard, o Vassar, o Morehouse. Vendrá de las pruebas y dificultades que experimente. Cada experiencia, sea buena o mala, le ha moldeado para hacer de usted la persona que es hoy. Dios no le habría hecho pasar por ello si usted no tuviera nada más a lo que aspirar.

Usted es la suma de sus experiencias, y cada asalto debería llevarle a la siguiente dimensión. Su fortaleza debería edificarse de una situación a la siguiente. Cuando experimenta su primer susto como empresario, siente que todo se desplomará sobre usted; pero eso le prepara para el siguiente episodio. Cuando consigue superarlo, aprende que Dios puede enviarle personas y recursos que nunca se imaginó. Después llega el siguiente reto. Esta vez, no queda devastado ni inmovilizado porque no es la primera vez que está en el rodeo. Ahora es capaz de mantener la calma mientras trabaja diligentemente. Puede animar a sus empleados a mantenerse esperanzados mientras trabajan juntos y se mantienen fuertes durante su último desafío empresarial.

Cada experiencia, cada desafío, cada lección le llevará a la siguiente dimensión, construyendo sobre lo que ya hay dentro de usted. Lo sepa o no, Dios le ha estado preparando para Destino desde antes incluso de que usted fuera consciente de que tenía un destino. Dios ha estado preparándole para lo que está a punto de hacer durante toda su vida. Ninguna de las experiencias que ha tenido ha sido en vano.

Destino requiere credibilidad

Dios le deja pasar por desafíos para darle credibilidad en cierta área y la capacidad de ayudar a otra persona a salir de esa situación por la que usted también pasó.

¿Cómo podría usted animarme respecto a que saldré de mi bancarrota si usted ha sido rico y privilegiado toda su vida? Usted necesita cierta credibilidad basada en la experiencia para hablarme. Tiene que poder decirme que usted no pudo conseguir un préstamo para su automóvil y tuvo que pedir que le llevaran al trabajo hasta que las cosas mejorasen. ¿Cómo puede decirme cómo educar a mis hijos en el gueto si sus hijos crecieron en un barrio rico? Usted necesita credibilidad para hablarme de cómo usted fue padre cuando era adolescente que trabajaba en McDonald's mientras terminaba el instituto para ayudar con el cuidado de su hijo.

Hablé a un grupo de pastores jóvenes que estaban muy frustrados porque sus ministerios no progresaban con la rapidez que esperaban. Les dije que uno tiene que ganarse el derecho a que le escuchen. La gente no le seguirá solo porque usted lo diga. Solo le seguirá cuando haya resistido, desarrollado, crecido y a veces sufrido. Esto no solo ocurre en el caso de los pastores. Cada líder debe tener credibilidad para poder dirigir sobre la base de la experiencia. Usted no puede ser sanado sin haber tenido una enfermedad, ni salir de la pobreza sin haber experimentado la indigencia, ni ser liberado si antes no ha estado atrapado.

Evitar el proceso no crea la promesa; más bien, es la entrada a los problemas. Lo que más importa no se encuentra en el destino sino que se revela en los asuntos que tenemos que resolver a lo largo del camino a Destino. La Biblia dice correctamente que la experiencia produce paciencia y la paciencia produce esperanza. No es simplemente una cuestión de tener un título universitario. No se trata de un trofeo. Es el duro trabajo del entrenamiento, el ensayo, el fracaso y levantarse una y otra vez.

Tuve la oportunidad de dirigirme a un grupo de estudiantes que habían sido seleccionados para el prestigioso programa de Fox News, Ailes Apprentice Program. El visionario del programa, el director de Fox News y director general Roger Ailes, compartió que comenzó el programa de mentoría para poner en contacto a más minorías con el campo del periodismo. Él entiende que la brecha no se cierra solo por los títulos, sino también por la inclusión y el acceso a las relaciones que llevan al descubrimiento y la promoción. Se dio cuenta de que aunque muchas minorías han conseguido títulos universitarios, por lo general no tienen relaciones dentro de los medios de comunicación para conseguir la ayuda que a menudo se necesita para que un currículum suba desde lo más bajo del montón a lo más alto, o para precisar un trabajo.

La educación no es suficiente para la gente que históricamente y sistemáticamente ha sido excluida y le han negado el acceso. Aunque usted puede que tenga el título, lo que se necesita para lograr el máximo éxito es experiencia práctica en un entorno que vaya más allá de los libros de texto. Una oportunidad de pasar del aula al mundo de las dificultades y pruebas que se dan en un entorno del trabajo real. Si sus padres no procedían de ese mundo, le costará mucho más entrar o sobrepasar el techo de cristal. La idea de Ailes era dar un programa de mentoría para estudiantes de minorías a fin de conseguir el acceso y encontrar contactos mientras recibían un sueldo. Salí de ese evento con la confirmación de que ¡la educación no sobrepasa a la experiencia!

La credibilidad cuesta ganársela, y Destino le pide que haga con ella una cadena de favores. Dios le ayuda en los tiempos difíciles para que usted pueda ayudar a una tercera persona. Si usted hubiera salido de las drogas pero se comportara hoy como si ni siquiera supiera lo que son las drogas, no estaría ayudando a nadie. Aunque trabaje cada día, pague sus impuestos, vaya a la iglesia y trabaje en organizaciones comunitarias, si no está utilizando sus experiencias vividas para animar a otros, no está ayudando a nadie. Dígale a la gente que usted recogía latas de aluminio para pagar su renta, o que trabajaba en tres sitios distintos mientras iba a la universidad, o que cuidó de sus padres ancianos mientras criaba dos hijos. Seguro que otras personas están pasando por esa misma situación, y necesitan verle a usted para poder ver cómo es la vida al otro lado del problema.

Es complicado

Muy pocas personas crecen con padre y madre, dos hermanos, un perro, un gato y un par de peces en una casa bonita con un jardín cuidado en los suburbios. Para la mayoría, hay detalles que complican la historia de nuestra vida. Solamente puede contar la mitad de la historia de cómo fue criado, porque es complicado. Usted no tuvo nada que ver con las circunstancias en las que nació o en la forma que le educaron. No puede explicar a la gente que nació en el hospital de una prisión porque su madre estaba encerrada acusada de robo cuando le dio a luz, así que es complicado. La gente no entenderá que el novio de su madre estuviera casado con otra persona, pero él fue la única figura de padre que usted conoció jamás. Es complicado. Las personas podrían alejarse de usted si les cuenta que su hermano cumplió una condena por disparar a su padre para evitar que golpeara a su madre. Es complicado. Sus abuelos le criaron porque su padre y su madre eran drogadictos. Es complicado. Sus padres eran muy respetados en la comunidad y parecían la familia ideal, pero su padre y su madre dormían en habitaciones separadas y apenas se hablaban en casa. Es complicado.

Si mira más profundamente a su vida y a la peculiaridad de sus complicaciones, encontrará las pistas que despliegan Destino. Cada evento extraño, disfuncional o inexplicable de su vida contribuyó para hacer de usted la persona que es hoy. Las experiencias no tienen sentido necesariamente cuando suceden, pero le moldean. Pueden afectarle y moldearle para ser una persona de Destino.

Algunos ven las complicaciones de la vida como un trastero para excusas de por qué no pueden tener éxito. Con cada revés, acuden a su pasado y dicen cosas como: "Mi papá siempre me dijo que no era muy brillante".

Aprenda de su experiencia como madre o padre soltero, divorciado, persona que tuvo muchos detractores, persona que luchó con un salario mínimo, rentando una habitación en una casa con muy pocos servicios, y úsela como los ladrillos para hacer de usted una persona más fuerte.

Cualquier experiencia que tenga puede hacerle más fuerte, no solo las negativas. Trabajar en una ruta de periódicos de niño, preparar las compras del supermercado en bolsas mientras estaba en el instituto, ser animadora, o vender revistas de casa en casa son el tipo de experiencias que también pueden ser nuestro campo de entrenamiento para otras responsabilidades mayores.

Cuando tenía unos catorce años, era el director del coro de mi iglesia. A menudo viajábamos por la noche para cantar en otras iglesias. Aunque era solo un niño, tenía que asegurarme de que todos tuvieran su reserva en el hotel y de toda la demás logística del viaje. Dios me estaba enseñando la responsabilidad cuando era adolescente para prepararme para pastorear The Potter's House y dirigir mi propia empresa hoy.

Cave más hondo dentro de usted

No deje que nada obstaculice su metamorfosis. Siga empujando porque hay más dentro de usted de lo que es ahora mismo. Tarde o temprano, las orugas se convierten en mariposas, los renacuajos se convierten en ranas y los huevos en pollitos. Deje que la visión de su destino saque de usted la persona que realmente es. Cuando llegue el tiempo señalado, se transformará en la plenitud de aquello para lo cual fue creado.

Deje que su identidad sea moldeada por el poder del Destino porque hay más dentro de usted de lo que ya ha concebido. Todo lo que haya hecho y lo que esté haciendo en este momento no refleja la totalidad de sus dones. Hay dones en usted que aún no ha descubierto. Incluso cuando crea que ha agotado los talentos que hay en usted, hay más talentos enterrados más hondo en usted. ¡Así es! Tiene tesoros escondidos dentro de usted que aún no ha tocado. Puede que no sepa cómo conectar con ellos aún. Puede que no sepa cómo extraerlo, sacarlo o sacudirlo, pero siga avanzando hacia Destino.

Lo que ve ahora mismo, lo que está ocurriendo ahora mismo, donde se encuentra ahora mismo: ninguna de estas cosas representa lo que verdaderamente es usted capaz de hacer. Ya sea que esté en el mejor tiempo de su vida o esté en lo más hondo, no importa si está enfocado en su destino. Siga mirando hacia lo que tiene por delante mientras se apoya en la fortaleza de las lecciones aprendidas del pasado. No importa el aspecto que pueda tener exteriormente, si tiene una pizca de fe en usted y en su Dios, declare que hay más dentro de usted aún por descubrir, y enfoque su atención en conseguirlo.

No diga: "¡No voy allí!"

Antes de los tiempos del GPS, yo conducía por lugares desconocidos y, con bastante frecuencia, me perdía. Lo curioso era que aunque no había GPS, siempre tenía un mapa conmigo. No tenía mucho sentido gastar mucho tiempo dando vueltas sin rumbo por calles desconocidas cuando había un mapa disponible para llevarme donde tenía que ir. Algunos hacen eso con sus vidas. Pierden el tiempo, a veces años, porque no dedican tiempo a pedir la guía y dirección necesarias para llegar al lugar donde quieren ir.

A algunos les cuesta confiar en la guía y dirección de Dios porque no saben dónde les llevará eso. Quieren reservarse el derecho de decirle a Dios: "¡No voy allí!" si temen que el Todopoderoso les llevará a algún lugar desconocido o incómodo. Destino no es para los que buscan comodidad. Destino es para los que se atreven y están decididos y dispuestos a soportar algo de incomodidad, a demorar la gratificación y a ir donde el Destino les lleve.

¿Qué hace usted cuando la voluntad de Dios le envía más allá de sus amigos? ¿Es Destino más importante que las personas que dicen ser sus amigos? Una persona que verdaderamente se interese por usted quiere que usted llegue a las estrellas, y las alcance si puede. Al dirigirse hacia Destino, descubrirá quién le ama realmente, quién se preocupa realmente por usted y quiere la mejor vida para usted.

¿Está dispuesto a soportar el ridículo? ¿Tiene usted la destreza de carácter, siendo flexible para operar en un espíritu de excelencia, cuando no sabe dónde le llevará la experiencia? Nunca sabe dónde le llevarán sus experiencias, así que mientras Dios le guíe, actúe con un espíritu de excelencia.

Cuando Destino le llame, prepárese para seguirle donde le guíe, aunque el lugar sea desconocido, le intimide o sea incómodo. Si se mantiene fiel a él, Destino le guiará en el proceso y llegará a estar tan cómodo que sentirá que nunca perteneció a ningún otro lugar. Cuando llega al lugar para el que estaba destinado, no se puede imaginar otra forma de vida que le dé satisfacción. Mientras se arma todo, podrá mirar atrás y ver la dirección divina de su viaje y estará agradecido por todo ello, lo bueno, lo malo y lo feo, porque fue necesario todo ello para llevarle donde debía estar.

Si se toma en serio su viaje por el camino a Destino, continúe, sabiendo que habrá momentos en que Dios le permitirá entrar en un entorno donde las probabilidades estén en su contra. Dios le sacará de su zona de comodidad y de su elemento. En su campo de entrenamiento a Destino, quizá se vea ante una situación donde no tiene ventaja. Quizá esté en un lugar donde el nombre de su familia no significa nada. Puede que vaya a un lugar donde la gente que conduce autos caros le mira con suspicacia. El lugar donde Dios le envía podría ser uno con ciertas expectativas de que las mujeres sean sumisas o dóciles. Usted, quizá por un tiempo, entre en un lugar donde las cosas que sabe hacer bien no se respetan. La buena noticia es que aunque el camino quizá tenga curvas y baches, para cada visión divinamente inspirada hay una provisión para llevarle a ella y superarla.

Provisión para su visión

Me invitaron a predicar en varias iglesias en West Virginia, pero durante ese tiempo me embargaron el auto. Tuve que buscar quien me llevara para hacer la tarea que sabía sin lugar a duda que Dios me había llamado a hacer. Hubiera sido fantástico tener mi propio auto, pero Dios proveyó. No fue lo que yo imaginé o lo que hubiera escogido, pero Dios suplió una forma para que yo llegara a cada lugar donde tenía que predicar. Siempre recordaré esos tiempos con gratitud, porque Dios proveyó. No puedo olvidar esos días cuando pienso en las veces en que personas simplemente nos han donado vehículos a mi esposa y a mí sin motivo alguno. No se me olvida que Dios nos ha llevado de necesitar un auto a tener más de los que necesitábamos. Ahora tenemos más autos que espacio en el garaje.

Cuando usted es fiel a la visión, Dios provee en cada paso del camino. No siempre llega según el plan de usted, pero la provisión está ahí. Si la visión es para la familia, Dios puede guiarle a una pareja que tenga dificultades para criar a sus hijos, y usted amplía su entendimiento y definición de familia, lo cual proporciona todo el amor que podría haber esperado. Abra su mente y su corazón a la provisión de Dios para Destino y le guiará allí sin fallar.

Su visión quizá esté muy hondo en usted en forma de semilla en estos instantes. De hecho, puede que lleve ahí mucho tiempo. Confíe en que Dios les está preparando a usted y a la gente que le rodea. Dios le está permitiendo desarrollar relaciones en las que pueda confiar antes de bendecirle. Cuando derrame en usted, será tanto que no sabrá si la gente le está siguiendo por lo que tiene o solo por lo que usted es.

¿No es emocionante pensarlo? Cualquiera que sea el Destino de Dios para usted, el Todopoderoso ha provisto para ello. Anímese con eso. Despierte cada día con una agenda, ¡porque tiene un propósito! Y es maravilloso saber que las provisiones para su visión van más allá de los recursos financieros. En su búsqueda de Destino, Dios provee de muchas formas.

Tiene un gran Proveedor respaldándole, así que espere algo importante en su vida. No todo el mundo tendrá un ministerio mundial. Si tiene una visión, tendrá la provisión durante el camino. Aprenda a reconocer las bendiciones en forma de semilla, como tratamos en la sección en el capítulo 1 titulada "Primero acérquese internamente". Su semilla para el logro proviene del cuidado de Dios, quien le ha diseñado para encontrar la provisión para su visión.

Puede desear, esperar y orar por provisión, pero necesita una visión. Si está orando por un trabajo pero no sabe por qué nadie querría contratarle, será difícil que le contraten. Véase como la persona que está destinada a hacer ese trabajo. Puede pedir un cónyuge, pero si no ve por qué nadie querría casarse con usted, quizá nunca se case. Vea a la persona deseable que usted es, la persona que sería una mejora para la vida de su cónyuge. Vea las maravillosas características que tiene y que atraerían a alguien a usted y le inspiraría a querer conocerle mejor y pasar toda una vida junto a usted.

Una visión clara le lleva a la provisión que necesita para Destino.

Entienda la complejidad de Destino

Cuando visualizamos nuestro destino, imaginamos éxito, fama, aumento económico, abundancia material, y una posición de poder e influencia. Su destino quizá incluya todo eso, pero también incluirá los desafíos de llegar ahí.

Nelson Mandela fue una figura destacada en el desmantelamiento del sistema de apartheid de África, después llegó a ser el presidente de la nación y fue un líder mundial influyente. Ese era su destino. Pero su destino también incluyó veintisiete años en prisión, de los cuales dieciocho fueron con trabajos forzados y las condiciones más extremas. Su destino incluyó ser golpeado y humillado. Su destino incluyó el daño que su activismo llevó a su familia, y se preguntaba si merecía la pena del costo. La reputación de Nelson Mandela como potencia mundial no se puede recibir sin sus años de prisión y el sacrificio de su familia.

La complejidad de Destino significa aceptar el lado difícil de su propósito en la vida. La Sra. King entendió y aceptó las vicisitudes de su papel como esposa de un líder negro controvertido.

Como ella, como Mandela, debemos hacer frente a los aspectos difíciles de nuestro destino, los altibajos, las alegrías y las tristezas, las ganancias y los sacrificios.

Los jóvenes que llegaron ser conocidos como Freedom Riders en la década de 1960 estaban destinados a ser golpeados y arrestados para que las generaciones posteriores pudieran disfrutar de un acceso igualitario a los servicios públicos. Los hombres y las mujeres que fueron atacados con tanta malicia mientras marchaban por el puente Selma's Edmund Pettus estaban destinados a jugar un papel a la hora de avanzar la entrada del Acta de derecho al voto de nuestra nación en 1965. No importa lo difícil que sea, no importa cómo lo vea el mundo, la satisfacción solo llegará recorriendo los lugares difíciles por los que nos lleva Destino.

Al seguir su instinto para conectar con su propósito, entienda que los desafíos pavimentan el camino a Destino. Los problemas del movimiento de efectivo de la empresa son parte de su destino. Los desafíos matrimoniales son parte de su destino. Incluso las tragedias.

Quizá esté pasando por un tiempo difícil y comience a sentir que su vida no tiene propósito debido a sus problemas. ¡Nada podría estar más lejos de la verdad! Sus desafíos son parte del camino a Destino. Deje que las dificultades le enseñen a resistir, le fortalezcan y desafíen a continuar. Cuando más tentado se ve a abandonar es cuando está en medio de los problemas. Pero recuérdese que el desafío es parte de su destino. No puede predecir dónde le llevará eso.

Cuando Nelson Mandela cumplía su cadena perpetua haciendo trabajos forzados en la cantera de cal en la Isla Robben de Sudáfrica, no se podía imaginar que un día sería el presidente de la misma nación que le había condenado por traición. Su viaje en barco a la prisión de la isla en la que fue sentenciado a pasar su vida fue una parada en el camino de Destino que finalmente le llevó al oficio más alto de su país.

No se quede en la fiesta demasiado tiempo

¿Alguna vez ha organizado algún evento social en su casa y ha tenido un invitado que carecía de la suficiente perspicacia para saber que era el momento de irse? Usted comenzó a retirar la comida. La música ya se había apagado. Todo el mundo, salvo las personas que viven ahí, ya se han ido. Usted intenta ser educado porque no quiere gritar: "¡Váyase!". Da pistas de que tiene sueño. Habla de tener que levantarse pronto al día siguiente, pero la persona no se va. Incluso quizá tenga que decirle que es el momento de irse a casa. Y lo más probable es que no invite a esa persona a su casa otro día.

Así como su fiesta no tenía la intención de durar eternamente, algunas provisiones para su visión no son para que se queden durante toda su vida. Pero es posible que usted tenga la tentación de aferrarse a ellas. Esté dispuesto a soltar una provisión que ha llegado a su fin. Soltar es especialmente difícil para algunas personas, en particular las personas miedosas. Aferrarse a una provisión temporal puede bloquearle una provisión mayor que usted necesita para ir al siguiente nivel. Hay una etapa en la que tiene que cambiar porque no todas las cosas son para siempre.

Nos aferramos a cosas: personas, relaciones, trabajos, casas, porque nos da miedo que no llegue otra cosa. Mientras tenga miedo a soltar algo porque tiene miedo a que no vaya a llegar otra cosa, se estará aferrando a una bendición temporal demasiado tiempo y tendrán que obligarle a salir. Dios puede usar muchos canales para bendecirle, pero la forma de proveer puede cambiar. No limite su pensamiento con una visión de túnel. Cuando Destino le llama, puede ser expulsado del pequeño lugar que ocupa para recibir un lugar más grande.

Tendrá muchas experiencias en el camino a Destino, y muchas de ellas quizá le hagan sentir que son una pérdida porque en el momento, en el día a día, no puede ver que Dios está proveyendo para su visión. Sucede en incrementos pequeños. Manténgase enfocado y fiel porque uno de esos incrementos se sumará hasta que llegue a la plenitud de quien ha de llegar a ser.

Si realmente es un hijo de Destino, decidido, no abandone. Realmente está más cerca de lo que cree. Manténgase fiel a Destino en cada paso del camino. No sabe qué día será *ese* día. Una llamada de teléfono, una reunión, un encuentro fortuito, puede cambiar su vida. Deje que todas sus decisiones y acciones estén guiadas por el hecho de que quizá esté al borde de Destino.

Los problemas siempre se tornan más difíciles cuando está casi ahí. Los problemas no son una señal de que está lejos. No, la calamidad llega porque casi está ahí.

Lo más peligroso que puede ocurrir en el camino a Destino es la pérdida de visión. Fije su percepción mental firmemente, su visión de usted mismo, y conciba lo invisible. Está de pie en el umbral de su visión. Si concibe lo invisible puede hacer lo imposible.

Está más cerca de Destino que nunca, es más sabio de lo que ha sido nunca, porque ha aprendido de los altibajos que ha experimentado. Es más fuerte que nunca porque ha soportado pruebas, dolor y traición de falsas amistades, y aún está de pie. Está más cerca que nunca porque ha descubierto quién es usted y quién no es. Sabe lo que quiere y cuál es su lugar. Ha soltado a las personas y circunstancias que no tienen parte en su futuro. Está más cerca que nunca porque vive en una conciencia cada vez mayor de lo que es importante en su vida y de lo que no. Huela y pruebe su destino. Usted sabe que está más cerca porque está luchando. Dentro de poco, todo el viaje acumulado tendrá sentido.

CAPÍTULO 10

Detenga lo que le está deteniendo

¡Salga del atasco!

Todo el mundo se ha sentido atrapado en una situación que se ha quedado pequeña. Quienes van al compás de Destino no pueden esperar a que otros vean su potencial oculto y logren un avance. Es el momento para usted de moverse si se siente limitado, asfixiado o frustrado. Si todo en su interior espera la oportunidad de escapar pero está exasperado porque no hay ninguna oportunidad, un gran cambio o nada que pueda hacer para salir de ese surco, prepárese para hacer alguna estrategia.

Cuando se encuentra en una situación durante un periodo extenso, puede que se sienta atrapado. Puede que se vea obstaculizado por su carrera, sus relaciones, su economía, su nivel educativo, sus emociones, su pasado, sus cualidades físicas o incluso las rutinas de la vida. Usted anhela dar aunque solo sea un pequeño paso, pero avanzar requiere estar abierto a estirarse más allá de su zona de comodidad y salir de lo familiar.

Si tiene una cita con Destino, tendrá que avanzar. Destino puede hacer que las circunstancias le sacudan para ayudarle a no seguir atascado.

"Obispo, estoy listo para un cambio", quizá es lo que está pensando ahora. "Estoy listo para que Dios sacuda las cosas ¡para que yo pueda salir del atasco!".

Tenga cuidado con lo que ora, porque podría obtenerlo. ¡Asegúrese de estar listo para el viaje! El proceso de dejar de estar atascado quizá no sea tan alegre como usted suponía, especialmente si es una criatura de hábitos o alguien que tiende a lo familiar. Yo soy leal a lo familiar. Si usted es mi amigo, es mi amigo. Si estoy conectado a usted, no importa si usted se encuentra en aguas profundas o en agua caliente; yo estaré ahí a su lado, con bote de remos o no, con salvavidas o no. Como resultado, me he atascado en amistades de las que tenía que salir, y fue doloroso.

Quizá Dios tenga que sacudirle para desatascarle y ponerle en el camino correcto. Y las personas que le persiguen, de hecho pueden ser agentes de cambio positivo. Eso significa que quizá le tengan que despedir de su empleo para desatascarle. Quizá signifique que Dios usará el divorcio contra el que usted luchó para desatascarle. Quizá Dios use un problema de salud para desatascarle de un mal hábito alimenticio y falta de ejercicio. El portazo puede hacer que usted se dé la vuelta y mire en otra dirección hacia la puerta que está abierta y esperando a que usted entre. Aquello por lo que usted lloró en el momento puede convertirse realmente en su bendición.

¡Ya lo tiene en marcha, querido!

¿Qué hace usted para salir del atasco? Primero, eche un buen vistazo a su vida. Probablemente están pasando muchas más cosas de las que es usted consciente. Quizá su vida sea distinta a lo que percibe. Quizá es usted un éxito y no lo sabe, porque no tiene que sentirse exitoso para ser exitoso. Distinga cómo o dónde está atascado y qué tiene que mover de lo que añade estabilidad y normalidad a su vida. No empiece a remover las cosas en su vida que no hay que remover en este momento.

Quizá *no* es su matrimonio lo que está atascado, ni sus hijos, ni su trabajo, ni su hogar, ni sus estudios. Trabaje con lo que tiene y edifique sobre eso.

Una historia que leí ilustra bien este punto. Un burro se cayó en un pozo abandonado. El granjero que era dueño del burro se movía frenéticamente mientras intentaba pensar en una solución para sacar al burro. Sus vecinos le convencieron de que el burro era demasiado viejo para preocuparse de él, que sería mejor enterrarlo vivo. Todos tomaron una pala y comenzaron a echar tierra en el pozo. El burro gemía, al darse cuenta de que estaba a punto de ser enterrado vivo, pero instintivamente, cada vez que sentía una palada de tierra caer sobre su lomo, se sacudía. Entonces el burro dejó de gemir y siguió sacudiéndose cada palada de tierra. A medida que la tierra caía bajo sus pies, el burro pisaba sobre ella, lo cual hacía que se endureciera. Cuando el granjero consiguió el valor suficiente para mirar hacia abajo en el pozo y ver por última vez a su compañero, ¡se quedó impresionado! Vio al burro sacudiéndose cada palada de tierra que caía sobre su espalda. Con cada nueva palada, el burro se la sacudía y se ponía sobre la nueva capa de tierra que había caído. No pasó mucho tiempo hasta que el burro llegó al borde del pozo y salió trotando, ante el asombro del granjero y de todos sus vecinos. Cualquier cosa que esté sucediendo ahora mismo en su vida no debería enterrarle; en su lugar, úselo como una piedra de apoyo que le lleve al siguiente nivel.

Del atasco a la estrategia

Salir del atasco significará dejar atrás algunas conductas o creencias y cultivar nuevas relaciones y experiencias. Una mujer que trabajaba con una organización cuya misión era producir más profesionales en las zonas marginales explicaba: "Obispo, trabajo con gente que luchó desde las calles para conseguir estudios o trabajo, pero muchas veces no pueden mantener el empleo porque cuando están bajo presión, confían en antiguas metodologías". En vez de manejar las disputas empresariales según las reglas empresariales de América, volvían a lo que era familiar para ellos: las reglas de la calle.

Todas las personas tienden a volver a lo conocido cuando están bajo presión. Un sureño puede hablar sin arrastrar las palabras, salvo cuando está bajo presión. Una persona de otro país puede volver a su lengua materna cuando está bajo presión. Un alcohólico quizá olvide años de recuperación y tome un trago cuando esté bajo presión. Usted puede quedarse atascado en una situación porque confía en los métodos de donde ha estado, en vez de crear uno nuevo para el lugar al que se dirige.

La dependencia de las maneras antiguas y familiares no se puede arreglar con nada externo. Conseguir más educación no arreglará esa dependencia. Comprar una casa nueva en una comunidad privada no arreglará eso. Casarse de nuevo con un nuevo cónyuge no lo arreglará. Conducir un gran automóvil de lujo no lo arreglará. Puede cambiar de trabajo, de casa, de cónyuge o incluso de ciudad cuando lo que realmente necesita cambiar es usted.

Seguirá en el atasco si responde a una situación de 2015 con un enfoque de 1989. ¿Recuerda cómo eran los teléfonos celulares en 1989? Los pocos que los tenían necesitaban llevar un estuche para llevarlos de un lado a otro. Realmente eran teléfonos de automóviles, porque no era práctico llevar esas cosas grandes y pesadas por ahí. Y eran caros. La mayoría de los teléfonos entonces costaban mucho más de lo que el presupuesto familiar promedio se podía permitir. Eran las herramientas y juguetes de médicos y ejecutivos que necesitaban un acceso continuo. Usted no podría usar ese teléfono hoy día. Ese viejo equipo analógico no estaría a la altura de la tecnología digital de la actualidad. Estaría usted atascado si usara un disco flexible de software para almacenar información en un mundo dirigido por Google.

Actualice las acciones y conductas que tenga que cambiar para que pueda enfocarse correctamente en su destino. Detecte cómo puede aprender a cambiar para que no remueva relaciones y situaciones que no tiene que remover. Salga del atasco.

Cuando Destino proporcione la oportunidad de que usted salga del atasco, escuche la señal para cambiar y pasar a la acción. Adopte una nueva conducta para salir de su vida pequeña. Adáptese a fin de salir de un lugar atascado. Salga del atasco de las limitaciones autoimpuestas, limitaciones aprendidas, rigidez y mente cerrada. Estas cosas solo le mantendrán en el atasco.

Estar atascado solo puede producirle frustración, que es un enemigo que arruinará su plan para llegar a Destino. La frustración no cambiará con un golpe de buena suerte. Cambia mediante la estrategia. Pase del atasco a la estrategia y produzca el cambio que necesita como preparación para Destino.

Destino necesita algo más que usted

Cuando se siente atascado, se siente solo. Lo ha intentado todo. Ha encontrado la gente adecuada. Ha ido a las escuelas buenas y se ha mudado al barrio correcto. Conduce el automóvil correcto y viste con la ropa correcta. Se ha unido a las organizaciones correctas. Y aun así se siente atascado.

Algunas cosas no las puede hacer en sus propias fuerzas. No

está persiguiendo Destino en soledad. No tiene que resolverlo todo usted solo. Dios ha preparado a personas y ha reservado recursos para su futuro. Llegar a Destino se trata de algo más que planificar y también de algo más que una serie de eventos accidentales o fortuitos.

Destino es tanto una promesa como un proceso. Dios le mostrará la promesa, y el proceso se debe desarrollar para prepararle y posicionarle. Ese proceso debe incluir una estrategia para superar los obstáculos que hay entre usted y lo que usted desea. Calme su espíritu; Dios le dará una estrategia para Destino.

Puede que esta última frase resulte difícil de aceptar en nuestra cultura de hacer las cosas realidad. Usted cree que todo depende de usted. Cree que lo único que necesita es preparación, perseverancia y propósito. Tiene todo eso y está listo para despegar, está en contacto con su espíritu guerrero. Es una bestia haciendo que las cosas ocurran. No necesita un entrenamiento asertivo. Defenderá sus derechos. Está listo para pelear por su destino. Pedirá ese ascenso o aumento de sueldo, o se presentará al director de la empresa para la que quiere trabajar. Cada día, se despierta recargado y listo. Es fuerte como para hacer frente a todo lo que se ponga en su camino. Pero está atascado. ¿Para qué le sirve toda esa fuerza si no tiene la dirección de Dios para usarla?

Fortaleza en el lugar erróneo es debilidad. Eso es cierto de los dones de cualquier persona. Si no está usando su mayor bien de la forma adecuada, es una debilidad. Su mayor fortaleza quizá sería deshacer, porque se convertirá en debilidad si está luchando contra el problema equivocado o la persona equivocada, o por la razón equivocada. Quizá esté luchando contra la persona que puede ayudarle a llegar a Destino.

Quizá esté luchando con la familia que es su sistema de apoyo mientras usted trabaja incansablemente para llegar a Destino. Puede que esté luchando contra el amigo que es fuerte y le ama lo suficiente para decirle la verdad de usted mismo. Quizá esté luchando contra una situación porque no le parece que sea una oportunidad.

Un espíritu de lucha las veinticuatro horas del día todos los días de la semana podría estar obstaculizándole en su búsqueda de Destino. No aniquile por completo su espíritu guerrero, sino esté listo para la batalla. Pero esfuércese por estar en control del mismo; use su destreza guerrera de forma eficaz y solamente cuando sea necesario. Si es una persona que hace que las cosas sucedan, quizá lo esté intentando hacer todo, batallando cada día para que sus sueños se hagan realidad. ¿Su estorbo? Intentar realizar su sueño sin el Hacedor de sueños. Llegar a Destino conlleva mucho más que lo que usted pueda hacer. Sepa esto: cuando Dios trabaja en medio de sus metas, usted las alcanzará. Usted definitivamente tiene un papel que desempeñar, pero Dios también.

Distinguir la responsabilidad de Dios de la suya es difícil. Esa asociación divina-humana es difícil de encontrar. Encuentre el equilibrio entre hacer todo lo que pueda y confiar en Dios para el resto.

Un agricultor estaba de pie junto a su campo, mirando su abundante cosecha: hermosa, filas iguales de todo tipo de verduras. Un vecino pasaba por ahí, y le dijo: "¡Mire lo que Dios ha hecho!". El agricultor respondió: "Sí, ¡pero seguro que usted recuerda cómo se veía cuando la tenía Él solo!".

Destino se convierte en realidad cuando usted colabora con Dios. Es un equilibrio entre lo secular y lo sagrado, el equilibrio deliberado entre fe y acción. A veces avanzará en la fe firme de su cita con Destino. Otras veces operará en su propia destreza, simplemente haciendo lo que mejor sabe hacer.

La dificultad de este esfuerzo de colaboración reside en que usted no tiene que estar a cargo, ni puede encerrar a Dios en una fórmula. Quizá Dios use el recurso menos probable para su destino. Dios puede hablar mediante enemigos, niños, o el anuncio informativo que está viendo a las tres de la mañana cuando no puede dormir. Esté abierto a escuchar a Dios. Deje que Dios luche las batallas que usted no pueda ganar por sí solo.

No ataque cada situación como un guerrero. A veces no tiene que ganar una pelea, sino que necesita una estrategia dada por Dios. Necesita una estrategia porque luchar no impide que le surjan contratiempos, no le impedirá que se imagine insultos y enemigos donde no existen, y no puede impedir que usted reaccione en exceso. Una estrategia piadosa no permitirá que el insensible comentario de su jefe le haga dejar el trabajo que le llevará a Destino.

Necesita una estrategia piadosa para manejar los incumplimientos internos que le han mantenido atascado, porque Destino requiere que usted viva más allá de los desafíos temporales e inconvenientes. Una estrategia le frenará para que no gaste el dinero que está ahorrando para la escuela en un auto nuevo, y cuando tenga una estrategia, puede ser feliz conduciendo el viejo automóvil con pulcros ahorros en el banco. La estrategia le impedirá tomar decisiones permanentes basándose en situaciones temporales y frustrar Destino.

Usted es la inversión de Dios, y el Todopoderoso tiene un gran interés en su éxito. Dios tiene un propósito para que usted consiga su sueño; usted ayuda a cumplir el plan divino para la humanidad. Dios le está usando; usted no está usando a Dios. Esa es una manera segura de saber que Dios le dará una estrategia ganadora, cuando su destino es parte de un bien mucho mayor.

No me malentienda. A veces tendrá que luchar *por* Destino, pero no puede luchar durante todo el camino *a* Destino. Destino siempre requiere algo más que su propia destreza.

Si está estresado y cansado de luchar una batalla de la que no se puede retirar y siente que no ganará, reconozca que Dios está en medio de esa batalla. Dios está con usted. Vea más en la batalla que tan solo una lucha. Vea al Todopoderoso.

Dios es un estratega que tomará la tormenta en la que usted está y le llevará a un nuevo terreno. Y la estrategia de Dios no solo le llevará a una nueva oportunidad; le mantendrá allí. La estrategia divina es para largo plazo, para mantenerle en la plenitud de Destino. Los recursos sin estrategia conducen a la pobreza. Las personas sin una estrategia pronto pierden recursos. Todos los componentes externos para el éxito, sin estrategia, no durarán. La falta de estrategia es la razón por la que quienes ganan la lotería pueden recibir millones y estar arruinados dos o tres años después. Ore por recursos todo lo que quiera, pero le recomiendo que ore por una estrategia piadosa. Cuando Dios le da una estrategia, puede vencer cualquier cosa.

Pero Dios no puede darle una estrategia si cree que la batalla es de usted. Cuando piensa que la batalla es de usted, le está dando a Dios una estrategia. Cuando se humilla y admite: "Yo no sé", Dios le dará una estrategia para cada situación que afronte. Quizá no entienda la estrategia de Dios, pero sígala. Puede parecer estúpida, sin sentido, o incluso totalmente irracional, pero sígala.

Admiro a las personas que tienen un espíritu guerrero, incluso cuando se convierten en su propio peor enemigo porque no pueden reconocer que es el momento de dejar de luchar y estar quietos ante Dios. Me gustan porque siempre están listos. El polo opuesto al espíritu guerrero, el espíritu debilucho, me desespera. Esa persona no hace otra cosa que estar sentada y dejarlo todo para después esperando en Dios. Dice: "Bueno, oraré al respecto". Usa el esperar en Dios como una excusa para su propia falta de participación. "Si Dios quiere que lo tenga, lo tendré", musita.

Destino no aparecerá a la puerta de su casa y se presentará. Aunque hay una dinámica espiritual hacia Destino, no es únicamente espiritual. *Usted* tiene que involucrarse en el proceso. Dios definitivamente juega un papel, pero usted también. Repito: esa colaboración divina y humana es difícil de encontrar. Pero como reza el dicho, trabaje como si Destino dependiera totalmente de usted y ore como si todo dependiera de Dios.

Destino necesita más que suerte, unción o talento natural

He oído a muchos compartir sobre su viaje y lamentar que lo intentaron e intentaron, e hicieron todo lo que pudieron hasta que no pudieron hacer más. Suspiran y dicen: "Y entonces, tuve un golpe de suerte...", hablando del tipo de avance que no se puede explicar con la lógica o la razón, la oportunidad que llega sin invitación o explicación. El encuentro al azar en el elevador o al estar esperando en la fila de Starbucks. Quizá fue algo que les inspiró a encontrar una idea, solución o invención. Ese momento crucial llevó trabajo duro, talento y destreza a una oportunidad divinamente orquestada que dio entrada a Destino. Fue un momento fortuito que cambió su vida. No pueden explicarlo y no lo entienden, pero saben que ese logro estuvo totalmente fuera de su poder y capacidad.

Cuando eso ocurre, a usted solo le queda gratitud.

Se habla mucho en algunos círculos de iglesias de estar ungido. Es una manera de reconocer el destino de una persona. Pero con demasiada frecuencia he visto este concepto distorsionado y convertido en una exención del trabajo duro y el sacrificio. Dios puede situarle en lugares donde las probabilidades dicen que nunca debería estar ahí, pero el posicionamiento llega después de la preparación. Ninguno está exento de tener formación, conocimiento, obligaciones de pagos, o de obtener experiencia. Usted sigue necesitando preparación, por mucha unción que tenga.

El mismo principio es aplicable al talento natural. La preparación, formal o informal, es un prerrequisito para Destino. Algunas personas consiguen lo que necesitan al asistir a grandes instituciones de aprendizaje superior. Pero otras personas consiguen su preparación en la escuela de la vida; esos son los altibajos que nos fortalecen, y nos dan sabiduría para lo que queda por delante.

No importa cuánto talento tenga, no importa la suerte o la fuerza de su unción, debe estar dispuesto a hacer lo que sea necesario para llegar a su destino. Las acciones que se requieren de usted puede que sean difíciles, puede que sean incómodas, y puede que sean desafiantes, pero la estrategia que Dios le ha dado le llevará hasta allí. La preparación quizá tarde más de lo que usted esperaba o planeaba, pero continúe hasta que esté cara a cara con el éxito. Realmente no hay tal cosa como el éxito de la noche a la mañana. Todas las personas a las que consideramos exitosas, ya sea en televisión, en el cine o en la comunidad, incluso en un púlpito, han pagado el precio para llegar hasta ahí.

Un afamado pianista dio un concierto, y en la recepción que

se dio después de su recital, una mujer dijo: "Daría cualquier cosa por poder tocar el piano como usted". El hombre respondió: "No, no lo haría". La mujer miró perpleja. El pianista le explicó: "Probablemente no ensayaría durante quince horas al día, siete días a la semana. No ensayaría hasta que sus manos se quedaran rígidas y doloridas. No renunciaría a tener vida social por estar de camino a un recital la mayoría del tiempo". La mujer consideró los comentarios del hombre y se dio cuenta de que no estaba dispuesta a hacer una inversión así.

Ella no estaba dispuesta porque ser concertista de piano no era su destino.

Solo porque tenga un don para hacer una tarea no significa que no tenga que trabajar en ello para vivir su destino. Que esté dispuesto a trabajar en ello es una señal de que está persiguiendo su llamado. La mayoría de la gente solo persigue lo que ama. Es lo único que puede hacer que una persona trabaje en algo durante horas sin recibir dinero a cambio. La preparación es un trabajo duro. No es algo glamuroso, y es cansado. No deje que la falta de preparación sea un obstáculo para usted. Recuerde el sabio dicho: "Si no planifica, está planificando fallar".

CAPÍTULO 11

Aprenda del destino de otros

Expóngase más

Dios es un gran estratega que le llamará y luego le guiará a Destino, pero es vital que tenga al menos un ser humano que pueda guiarle en la búsqueda. Escuchar a un sabio mentor y aprender de las experiencias de otros al perseguir el Destino puede ayudarle a pasar errores que puede cometer si intenta hacerlo todo usted solo. Necesita a alguien en su vida que haya navegado con éxito por el territorio que usted está intentando cruzar.

Si es un esposo que está experimentando tensión matrimonial porque trabajar y asistir a clases le impide ayudar con los niños en casa, hable con un hombre exitoso que haya vencido ese mismo desafío. Hable con un exitoso empresario que tuviera que hacer frente a la bancarrota después del intento fallido con su primera empresa o alguien que llegó a tener éxito a pesar de suspender la universidad, a pesar de un historial de cárcel, o a pesar de no tener apoyo en casa para continuar. Nadie tiene un viaje perfecto a Destino, y hablar con un mentor que haya experimentado pruebas similares puede ayudarle a darse cuenta de que no hay nada de malo en usted. Todos tienen reveses, toman malas decisiones y se tropieza con alguna piedra mientras intentan tener éxito. Lo que usted está pasando es el precio que paga por el viaje.

Una vez que se alinea con Dios y accede a realizar el viaje, Dios comienza a poner las cosas en marcha. Cuando el estudiante está listo para la guía, el maestro aparece. Cuando usted esté posicionado hacia Destino, el mentor que necesita aparecerá. Pero debe estar mirando y debe estar abierto a la instrucción, guía y sabio consejo. Cuando dice sí a Destino, tendrá encuentros con personas que no podrá explicar y realizará asociaciones que el dinero no podría comprar.

¿Suena emocionante? Deje que suceda. La mejor relación de mentoría se desarrolla naturalmente. Es una relación que llama a ambas partes a ser participantes voluntarios. Hay muchas personas exitosas dispuestas y deseosas de compartir su conocimiento con otra persona. Busque oportunidades que sean beneficiosas para la consecución de Destino.

Usted querrá un mentor exitoso, por supuesto. De lo contrario, ¿para qué molestarse? La mejor opción de un mentor debería ser alguien que tenga éxito en lo que es vivir una vida plena. Una persona que sea eficaz en la empresa pero cuya vida personal sea un desastre no está viviendo en Destino. Una persona cuya ganancia económica la consiga mintiendo o tratando mal a otros no está viviendo en Destino. Esa no es la persona de la que usted necesita recibir consejos, ¡salvo sobre cómo no hacer algo!

Un buen mentor le animará a tener paciencia en el proceso porque esa persona ya sabe que Destino lleva tiempo. Un mentor conoce los inconvenientes del viaje. Un buen consejero sabe cómo levantarse después de un tropiezo, y puede ayudarle en el proceso a veces doloroso de estar de pie después de que la vida le tira al suelo. La sabiduría de una persona de éxito a la que admire puede aumentar su confianza y animarle a intentar cosas nuevas y a correr riesgos calculados. Un mentor eficaz también será honesto con usted y le aconsejará cuando no esté listo para el siguiente paso, así como también le desafiará a dejar de tener miedo para dar el siguiente paso y avanzar.

Los mentores le ayudan a aprender los mecanismos, le sitúan en programas de aprendizaje y dan perspicacia en la dirección que maximizará su tiempo y sus oportunidades. Le ayudan a humillarse de forma positiva porque le recuerdan que sigue teniendo más que aprender. Los mentores le guían a nuevos prospectos y le animan a asumir riesgos. Le dicen que tiene que crecer más y seguir manteniéndose humilde. Un consejero experimentado puede ayudarle a navegar por la estrategia de su vida.

Prestar atención al sabio consejo de un experimentado profesional ayuda a pavimentar para usted una ruta más lisa y con menos curvas que la que él tuvo que tomar. La mentoría reduce su curva de aprendizaje. Cuando usted presta atención a las palabras de un buen maestro, reduce las posibilidades de cometer errores, lo cual puede ahorrarle tiempo, dinero y relaciones. Un fuerte vínculo con un consejero de confianza puede ayudarle a ganar terreno en su campo mucho más rápidamente.

¿Es usted una persona con impulso?

Los mentores no pueden ayudar a algunas personas. Usted ha oído las historias de personas que afirmaban: "A mí no me ayudó nadie. Yo lo hice todo por mí mismo". Las personas con impulso que han dado grandes pasos a menudo no son buenos candidatos para una relación de mentoría porque son por naturaleza muy independientes. Pero incluso los que quieren conseguirlo por ellos mismos finalmente experimentan una reducción de impulso durante el viaje porque habrán agotado sus recursos internos. Quizá se choquen con una pared después de alcanzar el éxito y necesiten un mentor que les ayude a sabe cómo manejar el poder, o la riqueza, o la fama, o educar a sus hijos para que tengan una motivación para encontrar su propio destino.

Las personas que se enorgullecen de hacerlo todo solos por lo general han pagado un gran precio por ser solitarios. Se podían haber ahorrado años de esfuerzos o errores simplemente estando dispuestos a escuchar a alguien que ya haya estado ahí. ¡Y siempre hay alguien que ya ha estado ahí! En vez de reinventar la rueda, ¡encuentre un mentor que haya estado ahí y ya haya hecho eso!

La lectura y la investigación son herramientas importantes para equiparle con conocimiento, pero la mentoría tiene el beneficio añadido de llenar sus decisiones con la sabiduría que otra persona ha adquirido. ¡Imagínese los errores que un fontanero hubiera cometido sin aprendizaje! ¿Quién querría a un médico que nunca hubiera sido internista? ¿Querría usted a un cirujano que nunca hubiera practicado junto a alguien con mayor experiencia que él? Estaba yo en un restaurante un día y dos camareros se acercaron a la mesa. Como nuestro grupo era de solo dos personas, parecía extraño tener dos camareros. El camarero principal dijo: "¡Buenos días! Me llamo Will y mi compañera junto a mí es Helen". Helen estaba en prácticas, así que principalmente se dedicaba a observar y aprender. Los libros pueden decirle qué hacer, ¡pero la mentoría le enseñará cómo hacerlo! No hay nada como tener experiencia práctica.

Me encanta usar un método de cuatro pasos para una relación de maestro-aprendiz. Primero, mire cómo lo hago. Segundo, hágalo conmigo. Tercero, yo lo hago con usted. Cuarto, yo miro cómo lo hace. Una relación de consejería que use este método puede aumentar su confianza. Usted trabaja mejor cuando está seguro de su nivel de conocimiento, y ser validado por la mentoría crea confianza y aumenta el nivel de comodidad para todas las partes involucradas.

Hace años, vimos a Harpo Studios producir una nueva estrella de televisión cuando Oprah Winfrey mentoreó a Dr. Phil para que tuviera su propio programa de televisión. Después, vimos a Dr. Phil mentorear a The Doctors. En el mundo de la televisión, a esto se le llama series derivadas, porque una entidad o personalidad sale de un programa de televisión que ya es popular para crear un nuevo programa o cadena. En la América empresarial, el término a veces utilizado es *sponsors*. Estas son las personas que le ayudan a superar barreras corporativas para llegar a nuevos niveles que serían imposibles sin alguien que le llevara al siguiente nivel y que le trajera a usted el siguiente nivel. En el mundo empresarial hay economistas, conocidos como capitalistas de riesgo, que buscan pequeñas empresas con gran potencial de crecimiento para invertir en ellas. Peter Fenton es un capitalista de riesgo de unos cuarenta y tantos años que vio el futuro de Twitter e invirtió cuando la compañía tenía solo veinticinco empleados. Actualmente, Twitter tiene más de quinientos millones de usuarios que envían cientos de millones de mensajes tweet cada día.

Los mentores no crean su talento, pero ciertamente mejoran lo que usted tiene que ofrecer. Incluso la Biblia muestra muchos casos de mentoría. El gran apóstol Pablo fue mentor de Timoteo, un joven pastor en la iglesia cristiana primitiva. En Mateo 4:19 Jesús fue mentor de sus discípulos simplemente diciendo: "Vengan, síganme, ¡y yo les enseñaré cómo pescar personas!". Imagínese lo perdida que habría estado la iglesia primitiva si hubiera tenido líderes que no hubieran sido mentores de las nuevas generaciones de liderazgo.

La mentoría empieza donde termina la educación

"Los hermanos mayores reciben una mentoría de mayor inmersión total con sus padres antes de que lleguen los hermanos pequeños. Como resultado, obtienen una ventaja en su CI y su lingüística porque son el enfoque exclusivo de la atención de sus padres".

Jeffrey Kluger

En su estado más puro, la crianza de los hijos tiene que ver con proveer una mentoría natural para los jóvenes. Es una admisión de que las conductas que parecen instintivas puede que no lleguen sin un modelaje. Ya sea que un oso esté entrenando a sus jóvenes para pescar, una leona esté enseñando a sus crías a cazar o un padre esté entrenando a su hijo para trabajar, la mentoría prepara al pupilo para una experiencia exitosa en un entorno fresco. En nuestro entendimiento más puro de la sociedad, nunca somos verdaderamente independientes unos de otros, sino más bien somos interdependientes.

Por muy importante que pueda ser la educación para el éxito profesional, la educación sin mentoría no asegura el verdadero éxito. Hace muchos años, el término *entrenamiento práctico* se usaba cuando las empresas seculares comenzaban a darse cuenta de que la experiencia de la persona preparada supera la educación del novato. Un currículum puede decir que la persona en cuestión tiene las aptitudes necesarias para optar a una posición, pero si esa posición se quiere mantener, la aclimatación a la cultura y el entorno de la organización requiere de mentoría. En su expresión más pura, el término *sponsor* significa alguien que paga por el proyecto o la actividad que otro lleva a cabo.

Recientemente hicimos algunos cambios en nuestra plantilla

en una de mis organizaciones, y pudimos contratar a personas altamente cualificadas con habilidades contemporáneas necesarias para una tecnología siempre cambiante. A los doce meses, observé que aunque muchos aspectos del trabajo se habían vuelto mucho más innovadores, había aún un retraso en la productividad. Ante la escasez de tiempo de nuestra organización de ritmo rápido, algunos de los empleados más nuevos comenzaron a decaer en su progreso principalmente porque sabían cómo realizar la tarea pero no habían percibido las reglas no expresadas que existen en cualquier infraestructura. Me di cuenta después de un firme bajón de la productividad, junto con costosos errores y una atmósfera de trabajo perezosa, que necesitábamos mentoría para ayudar a estos empleados más astutos a operar óptimamente. Recuperé a algunos de mis antiguos miembros del equipo como consultores para entrenar a los nuevos. Los nuevos tenían el beneficio de la tecnología, pero les faltaba sensibilidad para las prácticas demostradas. Llamé a los antiguos empleados para que enseñaran a los nuevos, aunque los nuevos contratados tenían grandes habilidades, porque a los nuevos les faltaba el ritmo y protocolo de la organización. El último reto fue conseguir que el antiguo régimen aportara mentoría sin promover las ideologías anticuadas o sin que sabotearan la nueva creatividad mediante la intimidación. Aprendí que el entendimiento filosófico de la compañía era tan importante como abrazar la tecnología contemporánea y la experiencia de la empresa.

Algunos conocimientos se enseñan y otros se captan. Muchos predicadores van a institutos bíblicos y seminarios y obtienen un gran conocimiento, pero nada de lo que leen en un libro puede prepararles para consolar a una pareja cuyo hijo se está muriendo de cáncer. Necesitan un consejero que les ayude a dar consuelo a la familia sin derrumbarse ellos mismos. Los estudios empresariales pueden darle todos los mecanismos de cómo formar una empresa en el salón de clase, pero la mentoría enseña la inflexión de voz, la sonrisa, asentir con la cabeza y el intercambio de cumplidos necesarios para conectar con posibles inversores. Un consejero experimentado le ayudará a mantener su cabeza erguida después de que le hayan rechazado por duodécima vez. El salón de clase le ofrece una riqueza de conocimiento, pero un mentor le guía para conseguir las mejores cualidades necesarias para cultivar el éxito. Los mentores pueden responder a los "y si…" que nunca se han escrito en un libro.

¿Necesita un mentor?

¿Cómo sabe si necesita un mentor? Cuando todo lo que hay dentro de usted no haya producido los resultados esperados, necesita mejorar *lo que* usted sabe *con quien* usted sabe. Hay alguien que ha estado donde usted está y puede ayudarle a avanzar. Dios a menudo responde a las oraciones *con* personas en vez de *por* ellas. Muchas veces las soluciones que usted busca las tiene la gente con quien usted se relaciona. Tales conexiones serán su mayor recurso, así que protéjalas a toda costa. Estas asociaciones son más que simplemente mentores y aprendices. A menudo con los conductos clave que le permiten estar en el cuadro mental correcto y el entorno correcto para evolucionar hasta su siguiente nivel. No puede tener nuevas vistas sin ampliar su círculo con nuevas afiliaciones. Lo novedoso puede causar temor, ¡pero a la vez es emocionante! Una vida que carece de espontaneidad y aventura se vuelve predecible. Si su vida se puede definir como una graciosa existencia carente de Destino, ¡entonces es tiempo de dar un paso!

Destino requiere un compromiso a toda una vida de aprendizaje. No importa cuánto crea que sabe, esté siempre dispuesto a dar otro paso de crecimiento hacia su destino. No crecer hasta nuevos horizontes puede cegarle a la belleza de las aventuras de la vida. Usted se vuelve como una planta que ha crecido más que su tiesto. ¿Alguna vez ha comprado o incluso le han regalado una planta que creció más que los confines de su tiesto? Si decide cambiar la planta a una maceta mayor, puede que observe que las raíces se han adaptado a la forma del habitáculo que las contenía. Si no la trasplanta a un lugar mayor, la planta se quedaría de ese mismo tamaño. Eso es algo que también le ocurre a la gente. Las personas solo crecen hasta los confines de su entorno y no crecerá más si no son trasplantadas a un lugar nuevo. Si usted es el más brillante en su círculo de asociados, necesita un nuevo círculo, un círculo más amplio. Si usted es el que más logros tiene, agrande su grupo. Podrá estirarse mucho más lejos cuando decida no dejar que su actual situación le defina o limite.

Añada alguien a su vida que sea más inteligente, que sepa más o tenga más logros que usted, y haga del aprendizaje de la experiencia de esa persona una parte de su destino. Un mentor le empujará a crecer y le ayudará a avanzar a un territorio mayor para obtener una nueva exposición y ampliar su conocimiento. Con el mentor adecuado, evolucionará a nuevos círculos, y al hacerlo habrá algunas reglas de campo que considerar.

Primero, olvídese del estatus o reconocimiento cuando avance a su nuevo círculo. Quizá recibía elogios en el círculo de donde usted vino, pero tal vez tendrá que servir en este círculo nuevo. En pocas palabras, la humildad es la clave para entrar a nuevos niveles.

La pregunta que más me hace la gente cuando sale el tema

de la mentoría es: "¿Cómo obtengo el acceso a personas que están haciendo lo que a mí me encantaría hacer?". Nuestro difunto presidente John F. Kennedy lo definió muy bien en una sola frase: "No pregunte qué es lo que su país va a hacer por usted, pregunte qué es lo que usted puede hacer por su país". En esencia, Kennedy estaba diciendo lo que todos los aprendices deben entender. Sus necesidades no son tan atractivas para la gente ocupada como lo son las de ellos. Lo que usted puede obtener de ellos no es la principal preocupación que ellos tienen, así que la relación debería centrarse en buscar oportunidades para añadir valor a aquellos de los que quiere conseguir información. En el proceso de dar lo que usted tiene, conseguirá lo que no tiene. Es mejor ser un portero de su futuro ¡que ser un príncipe de su pasado!

Segundo, el principio bíblico de "pedir, buscar y llamar" es un consejo prudente para conseguir un nivel más alto de acceso. La mayoría de personas realmente disfrutan hablando de sí mismas y de las cosas que les preocupan. Su viaje personal a menudo es lo que más les apasiona. Emplee esta triple filosofía y comience un diálogo con un posible mentor diciendo: "¡Estoy sorprendido de cómo hace usted esto!", contrariamente a: "No sé cómo hacer esto". El punto de interés del mentor a menudo no es tan eficaz cuando comienza con usted.

En una clase de patrocinio diseñada para entrenar a los que buscan apoyo económico de corporaciones, una de mis grandes lecciones fue que los días de llegar a una empresa y simplemente pedir lo que usted necesita sin primero entender qué necesitan ellos se han terminado. Las empresas de hoy no están tan interesadas en presupuestar grandes cantidades de dinero para causas caritativas solamente como pérdidas, como lo estaban antes. Están interesados en formar asociaciones que mejoren su misión, valores y preocupaciones corporativas. Antes de pedirles dinero, esfuércese por entender bien qué necesita la empresa y cómo lo que usted hace se cruza con sus intereses, haciendo que les merezca la pena trabajar con usted.

De forma similar, las personas de más éxito no dan para algo que no les recompensa. Si trabaja para su mentor, la recompensa para el que emplea es una mayor productividad y experiencia. La persona que le contrata invertirá en usted para ampliar el talento base de la compañía. Algunas compañías establecerán programas de interinos o de formación para estudiantes a fin de asegurarse una estructura de talento disponible para la industria. Las compañías pagarán para que usted esté entrenado para las oportunidades que surjan en el siguiente nivel, pero a menudo con la advertencia de que usted debe trabajar para ellos durante cierto número de años. Ellos ven estas oportunidades de instrucción como una inversión en usted con un retorno anticipado. Si no trabaja para un posible mentor, sería sabio saber cómo puede añadirle valor. Use su creatividad para ir más allá de la etapa de cinco y diez en cuanto inversión de tiempo para entrar en la rica experiencia de valiosas horas de atención enfocada. Cuando tenga la oportunidad de trabajar con un mentor, no malgaste el valioso tiempo que tiene con él o ella.

Es como comprarse un reloj. Usted no compra un reloj de calidad simplemente porque le va bien con la ropa. Usted no hace la compra solo con un fin estético; es más importante tener la hora correcta. De forma similar, no tener el sentido del momento adecuado para involucrarse con su mentor le llevará rápidamente de ser un bien a ser una carga, ¡incluso un gran dolor en el trasero! En cambio, escoger cuidadosamente unas cuantas preguntas para hacerle en el momento oportuno puede ser la puerta de acceso a la obtención de abundante información.

El arte de la comunicación es muy parecido a la música: el tiempo lo es todo. A veces la composición pide un fortísimo y otras veces pianísimo. El silencio entre las notas es tan importante como las notas mismas. Cuando busque tiempo con un mentor, a veces puede que sea necesario que actúe con fuerza, pero sepa cómo manejar también un acercamiento más suave. Cuando necesite tener un mentor, quizá lo más inteligente que pueda decir es: "Fred, por favor, permítame invitarle a almorzar", en lugar de: "Fred, ¿cuándo puede darme un hueco en su calendario para compartir con usted mis dificultades?". No puede tener un resultado positivo ¡si su maestro desea secretamente mandarle a paseo! ¡No sea un fastidio!

Llamar antes de entrar es parte de la cortesía común en una oficina o un hogar. Se da también a la hora de conseguir la atención de aquellos de quienes busca su sabiduría y visión. La gente que es presuntuosa y entra en parámetros donde no le han dado acceso, rápidamente es escoltada hasta la puerta y se pierde la oportunidad. Es mejor llamar a la puerta y esperar a entrar que entrar empujando, ¡y arriesgarse a que le escolten de salida! Las nuevas relaciones requieren cuidado y tiempo. No pueden sostener las mismas libertades que las viejas asociaciones. Cuando establece una relación con un mentor, dele tiempo para crecer hasta el punto de la familiaridad. No importa cuál sea la naturaleza de la mentoría, buscar el permiso es siempre una señal de respeto.

Tercero, aprenda el valor del entrenamiento práctico. Cierto es que la educación puede servirle de mucho a la hora de prepararle para el rendimiento en un trabajo, pero no le ayuda mucho a la hora de equiparle para el entorno en el que se debe realizar ese trabajo. La NASA entrena a sus astronautas para lo que se llama AEV. Las actividades extravehiculares simulan las condiciones donde un propuesto astronauta tendrá que operar en la atmósfera sin peso del espacio. Este entrenamiento se hace en un entorno controlado que le permite al astronauta experimentar un equivalente simulado de lo que será actuar en un entorno sin gravedad. Aunque pocos trabajaremos fuera del espacio, muchos tenemos que trabajar al final en situaciones y entornos que no son el entorno controlado donde aprendimos nuestro oficio. Las mentorías realmente fuertes permiten que el aprendiz se ajuste a las circunstancias que rodean el proyecto donde él o ella tiene que trabajar.

Varios años antes de que se convirtiera en un nombre familiar, Tyler Perry hizo audiciones con mi esposa y conmigo para actores para nuestra nueva obra, *Mujer, eres libre*. El Sr. Perry nos dijo que no diéramos muestras de aprobación mientras probaba a los actores. Por muy bien que fuera la audición, debíamos mantenernos totalmente inexpresivos. ¡Le puedo decir que eso fue difícil! Algunos eran unos vocalistas excelentes. Después explicó que parte del proceso era descubrir lo bien que el aspirante a actor podía mantener su enfoque, incluso aunque la audiencia no emitiera respuesta alguna.

Cualquiera que cocina puede preparar comida en su propia cocina. Trabajan en un entorno controlado que ellos mismos han diseñado. Cocinar en casa es algo que puede hacer a su ritmo y arreglar para su estilo. Pero cocinar profesionalmente es algo que cambia las reglas del juego. Esto me recuerda un popular programa de televisión llamado *Cocina en el infierno*. El programa enseña a cocineros profesionales lo que se necesita para competir a un nivel más alto. Si alguna vez lo ha visto, inmediatamente entenderá lo diferente que es un nivel de otro. ¡Rápidamente queda claro por qué el programa se llama así!

Haga el tour

La mayoría de los visitantes quieren un tour guiado cuando viajan a un país extranjero. Los turistas a menudo aseguran los servicios de alguien que esté familiarizado con el territorio más allá de atracciones turísticas. Esto es especialmente cierto cuando un visitante no quiere gastar unos días de vacaciones preciosos averiguando qué monumentos hay disponibles y yendo por caminos de confusión y quizá incluso peligrosos. Quiere ir directamente a los lugares históricos o los puntos de interés importantes para maximizar el viaje. Nadie querría volar hasta Egipto, bajarse del avión, y echar un vistazo a su alrededor y preguntarse: "¿Hacia dónde están las pirámides?". Entonces, ¿qué sentido tiene que usted o yo llegásemos a la maravillosa oportunidad de conseguir acceso al siguiente nivel de Destino solo para quedarnos mirando sin rumbo fijo, preguntándonos: "¿Hacia dónde voy?".

Un buen mentor es como un guía turístico que le enseña los lugares de los que quizá haya oído hablar pero nunca ha visto. Usted puede llegar a los lugares comunes que todo el mundo visita, pero seguro que le gustaría tener a alguien que le lleve a los lugares donde la mayoría de la gente nunca va. Me gusta decir que *mentor* se debería deletrear *m-e-n-t-o-u-r*, porque es una bendición increíble tener alguien que le abre las puertas y le lleva de tour hacia lo que viene después. Me encontraba en Kiev, la capital de Ucrania, hace unos años. Era emocionante estar en una parte del mundo donde nunca había estado. Un grupo de los que íbamos contratamos un guía que mejoró nuestra experiencia del viaje enseñándonos mucho más de lo que ven la mayoría de los turistas. Los verdaderos guías le llevan más allá de los sitios turísticos que están diseñados para impresionarle y dejar una buena impresión. Los mejores le llevan a vivir una experiencia de inmersión en la cultura y la cocina de los lugareños. Encontrar el guía adecuado le da una oportunidad de participar de la experiencia orgánica y no de la experiencia sintética ¡que la mayoría de los turistas confunden con la cultura del país!

Su mentor debería conocer la configuración del terreno que está pisando. Por ejemplo, sería difícil para alguien que nunca ha tenido un hijo dar un consejo sobre crianza de hijos. Una persona que nunca ha tenido un trabajo no puede decirle cómo subir por la jerarquía de la empresa. Cuando usted quiere un buen consejo sobre inversiones económicas, probablemente no va a consultarle a alguien que siempre ha vivido de la asistencia pública.

Finalmente, reconocer que alguien a quien no le dará cuentas no puede ser su mentor. Imagine la imposibilidad de una relación de mentoría con alguien con quien no compartirá la plena realidad de sus luchas y éxitos. Eso sería una experiencia frustrante tanto para el mentor como para el aprendiz. Dar cuentas exige transparencia; por lo tanto, tiene que establecer un nivel de confianza con su mentor que le permita la vulnerabilidad de exponer sus deficiencias e inseguridades. La mayoría de la gente lleva sus logros puestos como un camuflaje para tapar sus ineptitudes. Los mentores ven por debajo de la fachada para ayudarle a llenar los espacios en blanco que no puede ver el público. Tienen que saber cómo el trabajo le está afectando emocionalmente. Tienen que tener acceso a la información sobre las áreas en el hogar que están en crisis debido a sus logros. Si usted mantiene levantada una pared con su mentor, él o ella nunca podrá penetrar en su mente para tratar los verdaderos desafíos que enfrenta. Probablemente recibirá algunos consejos útiles, pero no cosechará todo el beneficio de alguien que camina a su lado en su viaje a Destino.

La mayoría de las personas podemos mejorar en una o dos áreas de la vida con poca ayuda. Los mentores le ayudarán a desarrollar un rango de éxito de 360 grados. Eso no significa que cada área de su vida irá bien todo el tiempo. La mayoría tratamos algún nivel de problema o desafío en cualquier punto de nuestra vida. Todos necesitamos alguien en quien confiamos y que actúe como comprobación y equilibrio para ayudarnos a vivir la vida plena que deseamos. Los mentores le hacen las preguntas difíciles. Cuando está volando alto y lejos por el avance profesional, su mentor le preguntará por las demás bolas con las que está haciendo los malabares. Es maravilloso tener una gran carrera, pero si su matrimonio se está desmoronando por ello, el éxito puede tener un precio más alto del que usted está dispuesto a pagar. Tiene mucho dinero en el banco ahora, pero su mentor le preguntará cómo está inspirando a sus hijos a tener sus propias metas y sueños aparte de los logros de usted.

No toda la mentoría es igual. Algunas están diseñadas para ayudarle a maximizar el lugar que tiene ahora. Este tipo llega cuando uno no ha agotado aún el potencial de la oportunidad presente. Para estar seguro, la mentoría no puede afirmar que otorga al aprendiz la oportunidad o la destreza necesaria para llegar a Destino, pero puede ayudarle a utilizar mejor lo que tiene para alcanzar su máximo potencial. Aunque este tipo de mentoría no crea nuevas oportunidades, le da un aspecto distinto de cómo manejar mejor el lugar donde se encuentra ahora. Se parece mucho a un estilista que llega a su armario y le enseña formas originales de presentar su armario. La gente que tiene el don puede sacar nuevas oportunidades de las antiguas vestimentas. La ropa no es nueva pero puede parecerlo cuando se presenta correctamente. O personas que ayudan a familias en crisis les mentorean con formas nuevas de que la familia navegue por los peligros pasados. En la mayoría de los casos, las oportunidades quizá no sean nuevas pero la perspectiva debe ser fresca, o la mentoría es una total pérdida de tiempo.

Lo mejor de la mentoría es que le permite tener las ideas que afirman las destrezas y la agudeza que necesita para evolucionar a su nuevo nivel de pensamiento.

Pero si ha agotado sus oportunidades y se siente ansioso por graduarse en la vida que merece, la mentoría a menudo le da el guía de viaje de cómo revolucionar su pensamiento mientras evoluciona en sus experiencias. Lo realmente maravilloso es que la mayoría de personas que buscan mentoría están listas para exponerse a nuevas construcciones sociológicas y están deseosas de cambiar sus esfuerzos del lugar en el que están por esfuerzos en el lugar donde quieren ir.

Hay una gran diferencia entre enseñar a una persona a entender con habilidades y hechos y la mentoría, la cual les ayuda a adaptarse a todo el proceso de cuándo usar qué y cómo. Muchas personas salen de la universidad pensando: "Tengo el título y estoy listo". Sí, el título le ha dado las herramientas, pero la mentoría le enseña cómo usar mejor esas herramientas y le prepara para trabajar lo que usted conoce en el entorno donde debe rendir. Hace años teníamos aprendices en los trabajos, que era básicamente una mentoría práctica. Preparaba a un mecánico, fontanero o contable para adaptarse a las circunstancias inesperadas de la construcción. Sí, quizá sepa cómo soldar una tubería, ¡pero no esperaba que estuviera justo al lado de un cable eléctrico! La mentoría le ayuda a conseguir en entornos nuevos un fin esperado. Un buen mentor le dejará explorar el territorio desde una perspectiva holística, a diferencia de los laboratorios de aprendizaje, en los que hay entornos controlados.

Un poco de prevención evita un gran mal, ¡solía decir mi madre! Puede evitarse muchos percances si está rindiendo cuentas a alguien. Todos necesitamos un consejero de confianza que actúe como guía en el camino a Destino. Unas pocas criaturas en el reino animal tienen el don de ver en 360 grados, pero los seres humanos no están entre esas especies. Usted no puede ser consciente de su visión frontal, trasera y periférica de manera simultánea. Todos necesitamos alguien que cuide nuestras espaldas y que pueda ser nuestros ojos y oídos de respaldo en los lugares que no podemos ver ni oír. Una persona orientada a Destino está siempre mirando hacia delante, enfocada en la siguiente parte del viaje. Asegúrese de tener otras personas en las que confíe para que le ayuden a cuidar sus laterales y sus espaldas. Al igual que muchos modelos de vehículos más nuevos tienen luces de advertencia en los espejos retrovisores laterales para indicarle si hay algún auto en su visión periférica, su mentor le avisa de que tenga cuidado de lo que no puede ver. Lleve a su mentor a los lugares de su vida donde está sufriendo un ataque. ¡Podrán encontrar juntos una salida segura que no podría ver usted solo! Desde las finanzas a la familia, ¡los mentores le ayudan a equilibrar el presupuesto de la vida!

Escoja sus mentores a la carta

Si su vida es tan compleja como la mía, quizá sepa que los mentores no siempre cubren todas su áreas individualmente.

Es posible tener distintas personas de las que reciba mentoría. Puede tener una persona que sea su mentor en las finanzas mientras que otros lo sean espiritualmente. La pareja más felizmente casada que conozca puede que esté viviendo con un salario mínimo mientras que su banquero inversionista podría estar al borde de un divorcio. Hable con la pareja feliz sobre el matrimonio y hable con el banquero inversionista sobre dinero. Somos seres humanos multifacéticos. Somos seres emocionales, espirituales, sensuales, relacionales, fisiológicos, intelectuales. Aunque muchos mentores pueden cubrir un amplio rango de necesidades, no todos son aptos para añadir valor a cada área de su vida. La persona que destaca en los negocios puede ser un gran recurso profesional, pero quizá no sea la mejor persona para darle guía en cuanto a cómo perder peso y comer sano. Su mentor quizá no aparente ser la persona indicada para usted, pero esté abierto a quien Dios envíe.

Puede que esté buscando un mentor que le afirme en todo lo que usted hace, pero Dios quizá le envíe alguien que es más crítico con sus acciones y decisiones. Si está usted en la mediana edad, quizá su mentor sea alguien menor que usted. No cierre su mente a las posibilidades de quien puede ofrecerle guía. Quizá necesita un mentor más joven para ayudarle a que crezcan sus oportunidades empresariales mediante las redes sociales. Quizá el millonario que consiguió serlo a los treinta y cinco años puede entrenarle en el desarrollo de su cartera de jubilación para tener una vida más cómoda cuando deje de trabajar.

La mentoría podría ser la dosis de recuerdo que necesita si siente que su vida está vaga en ciertas áreas vitales. Una relación fuerte le hará redimir el tiempo que haya podido perder intentando encontrar su propio camino. Un mentor puede marcar la diferencia entre el éxito y el fracaso. En la iglesia nos referimos a esta dinámica de relación como discipulado. La raíz de la palabra *discipulado* es de donde extraemos su palabra relacionada: *disciplina*. Sin ella, la mayoría de personas nunca logran sus metas porque Destino requiere que uno tenga la capacidad del control. Mientras desarrolla la habilidad de regularse, usará sabiamente el tiempo. El orden siempre aumenta la productividad. Sí, es difícil disciplinarse, ¡de ahí la importancia de rendir cuentas a sus mentores!

A medida que da los pasos necesarios para mejorar su siempre corta estancia en este planeta, querrá desarrollar el control de sí mismo. Cambie la indiferencia del fracaso por la tracción de los que logran cosas. Aprenderá cuán temprano levantarse, con quién y dónde invertir tiempo, qué ignorar y en qué participar. Este es un tiempo fabuloso de su vida para ponerse al día, ¡y sobrepasar lo que Dios tiene preparado para usted!

Las personas de mediana edad y mayores pueden empezar a sentir que la vida ya no les brindará más oportunidades: "Si no ha ocurrido a estas alturas, no ocurrirá nunca". Usted no puede darse el lujo de caer en este modo tan limitado de pensar. Nunca olvide que Harland Sanders tenía sesenta y cinco años cuando buscó franquiciar su ahora famosa receta de pollo como Kentucky Fried Chicken. El actor Morgan Freeman ha estado actuando en el escenario, en televisión y en películas durante casi toda su vida, pero no recibió renombre como actor hasta que llegó a los cincuenta años bien entrados, cuando se ganó el respeto de los críticos por sus actuaciones en *Paseando a Miss Daisy* y *Glory*. Destino tiene su propio calendario, y solo porque no haya llegado ahí aún no significa que no vaya a llegar.

Un mentor más joven puede vigorizarle y recordarle todo

lo que aún tiene que ofrecer. Un mentor mayor puede servir como prueba viva de que lo que desea también le puede ocurrir a usted. Sí, hay alguien dispuesto a ser su mentor independientemente de su edad.

Destino es un viaje compuesto por una serie de paradas, en vez de un único destino. Al involucrarse en el llamado de su vida, evolucionará, crecerá y dará curvas y giros. Su viaje a Destino incluye un legado. Dios le llama a una tarea para hacer la vida mejor, y el trabajo que hace debería tener una influencia mucho después de que usted ya no esté. Así que haga su conexión con un compañero de viaje que sea exitoso maniobrando por el tráfico rápido y pesado y permítale que le guíe a lugares en los que nunca antes había estado, y que le revele paisajes que nunca antes había visto. La vida es emocionante, así que disfrute del viaje. No está solo en el camino. Ya sea que vaya muy rápido y sienta que está a punto de estrellarse, resoplando lentamente mientras todo el mundo le adelanta a toda velocidad, o estacionado en la gasolinera porque se ha quedado sin combustible, hay alguien dispuesto a ayudarle. Deje que Dios use a su mentor para guiarle a Destino.

✦✦✦

CAPÍTULO 12

El fracaso no es el final de Destino

Entre en su caos y vea el valor de sus errores

Debido a que vivimos en una sociedad tan dominada por los resultados, es tentador ver el fracaso como una experiencia a evitar a toda costa. Todos queremos dar la apariencia de éxito, aunque estemos fallando miserablemente. Acumulamos enormes deudas de las tarjetas de crédito para aparentar que somos más exitosos de lo que en verdad somos. Una esposa pone por las nubes públicamente a un esposo que apenas si le habla en casa. Un empleado se inventa ciertos aspectos de las responsabilidades de su trabajo para que otros piensen que es el mandamás en el trabajo. Otros fingen conocer a personas ricas o influyentes para aparentar que están socialmente o políticamente bien conectados. Los padres adornan los logros de sus hijos para que no parezcan mediocres.

El temor al fracaso lleva a una filosofía de "éxito seguro" para asegurarse de que no se cometan errores. No se toman riesgos. Destino elude a los que viven de ese modo. Eso es irónico, considerando que nuestros lamentos en la vida no vienen del fracaso; vienen de no intentarlo, de no probar.

Los buscadores de Destino deben estar dispuestos a asumir algunos riesgos de fe. Algunos de esos riesgos nunca nos darán recompensas, pero otros tendrán éxito. Y unos pocos tendrán un éxito mayor del que pudiéramos imaginar. Los buscadores de Destino poseen lo que se ha denominado "el indomable espíritu humano". Una frase contemporánea que expresa este sentimiento es: "No se puede mantener desanimado a un buen hombre (o mujer)". Ir donde llama el Destino significa intentarlo de nuevo después de fallar.

Levántese otra vez...y otra

W. Mitchell quedó irreconocible por las quemaduras sufridas en un terrible accidente de motocicleta. Cuatro años después, quedó paralizado de cintura para abajo en un accidente de avión. La combinación de las dos tragedias haría que la mayoría de personas se rindieran en la vida, pero no Mitchell. Él se presentó al Congreso bajo el eslogan: "No solo otro rostro bonito". También se hizo millonario, un orador público respetado, esposo felizmente casado y empresario de éxito.

El fracaso no tiene que ser el fin de su baile con Destino. Se puede convertir en lo que le haga volver a levantarse y salir a la pista de baile. Aún tiene algo que lograr. The Supremes, uno de los mejores grupos de R&B de la era Motown, durante años fue conocido como "Supremes sin éxitos". Pero siguieron cantando. El primer amor de Billy Graham rehusó casarse con él porque no pensaba que valiera para mucho. Pero se casó con Ruth Bell y no solo llegó a ser uno de los grandes evangelistas de su tiempo, sino que también estableció un legado ministerial que continúan sus hijos. Muchos grandes personajes de la Biblia experimentaron fracasos, pero Dios continuó buscándolos con un propósito. El lado positivo del fracaso es saber que "por muy mal que lo haya hecho, Dios aún me quiere para algo. Mi Creador me está buscando, acudiendo hacia mí, guiándome para que llegue a mi destino".

Un ejecutivo provocó una pérdida de diez millones de

dólares en la compañía para la que trabajaba. El director general, cuando le preguntaron si despediría al ejecutivo de menor rango, respondió: "No, he invertido tanto en él ¡que no creo que pueda despedirlo nunca!". Dios ha invertido mucho en usted. Incluso sus fallos son una inversión que dará beneficios y dividendos. A través de los infortunios de la vida, usted se hace más fuerte, mejor, y más sabio para el viaje.

Thomas Edison, inventor en el siglo XIX con más de mil patentes acreditadas, era un mal estudiante en la escuela. Su maestro una vez se refirió a él como "desconcertado", lo cual hizo que la furiosa madre de Edison comenzara a enseñarle en casa. Edison fue un joven fracaso. Parecía no tener la aptitud para el aprendizaje, cuando es muy probable que el interés del niño superase por mucho lo que le estaban enseñando en las aulas. Aunque Edison fue un fracaso en la escuela, cuando su madre le enseñaba en casa estiraba su mente más allá de lo que él jamás podía haber concebido en un aula. Sus inventos del fonógrafo y la bombilla incandescente son tan solo unos cuantos de los resultados de este fracaso en la infancia.

Fallar puede hacer que usted cuestione a Dios. Su dolor y decepción podrían hacerle dudar de su propósito. Quizá se pregunte si su destino es estar en un entorno donde no está siendo apreciado. Encontrar el sentido al fracaso es parte de la marcha hacia Destino.

Bájese del tiovivo del perfeccionismo y entienda que el fracaso no es algo malo. El fracaso sirve para crecer. Si todo fuera malo en el fracaso, muchas personas de éxito se habrían rendido mucho antes de alcanzar el éxito. Muchos de los que ahora son empresarios muy exitosos fracasaron en la empresa repetidamente, o incluso conocieron la bancarrota varias veces antes de alcanzar el éxito financiero.

Sin embargo, no vemos que el fracaso sea algo beneficioso. Solo pensar en el fracaso nos hace querer correr y escondernos. Ni tan siquiera necesitamos fracasar para experimentar los sentimientos de miedo, ansiedad, pavor o depresión asociados con el fracaso. Odiamos tan solo pensar en el fracaso, y una de las razones por las que odiamos tanto el fracaso es porque asociamos un *acto* fallido con un *ser* fallido.

Pero es la empresa lo que fracasó, no usted. Es el matrimonio lo que fracasó, no usted. Es la presentación lo que no fue bien a la hora de conseguir los posibles inversores, no usted. El fracaso es parte del proceso de llegar a Destino. No es un atributo personal, un fallo de carácter. Así como las personas exitosas no son perfectas, nadie lo es, las personas que no son exitosas en algo no son unos fracasados. Su identidad, su autoestima, su persona pública están atadas al destino que Dios le ha dado, no a una obra en concreto, ya sea que esa obra tenga éxito o fracase. Ningún jugador de béisbol, ni siquiera Babe Ruth, Hank Aaron o Barry Bonds, hizo una carrera cada vez que bateaba. Muchas veces fallan. Esas pocas ocasiones en las que golpearon la bola sacándola del campo añadió a su estatus estelar e hizo que el viaje hacia el bate mereciera la pena una y otra vez.

Nunca vemos el valor de nuestros fracasos en el abismo de nuestra espiral en picado. Solo cuando el humo se ha aclarado podemos evaluar lo que ocurrió y decir: "No lo sabía entonces, pero eso fue lo mejor que me podía haber ocurrido". El valor de la redención está en nuestro fracaso. De hecho, lo que a nosotros nos parece un fracaso verdaderamente puede ser parte de una estrategia divina mayor para poner circunstancias, acciones y recursos en su lugar, así como para fortalecernos para el peso pesado del futuro éxito.

Encuentre recompensa en el fracaso

Mi padre murió cuando yo era adolescente, así que mi madre tuvo que enseñarme a conducir un automóvil. A menudo me decía: "Mantén la mirada en la carretera, cariño. El auto siempre irá en la dirección de tus ojos". Si mantiene sus ojos en la carretera de Destino, su vida seguirá. Mantener sus ojos en la carretera cuando persigue Destino se vuelve tedioso y aburrido, como sucede a menudo después de un fracaso. Sepa que usted es una obra sin terminar. Busque las señales de avance y celebre sus momentos de crecimiento.

Usted no puede teletransportarse a Destino. El camino a Destino no es una experiencia de las vividas en *Star Trek*, del tipo "Lánzame el rayo, Scotty". Celebre los logros en puntos estratégicos que le informen de que está en el camino correcto. El camino a Destino es un proceso. Ese proceso tiene altibajos. Tendrá algunos fracasos, pero la mayor parte del tiempo será confrontado con el temor al fracaso, en vez de con el fracaso mismo. Aprenda a vivir con el temor. De lo contrario, no logrará nada porque escoge la seguridad.

Tendrá momentos de conflicto, caos, confusión, incomodidad, desafíos, dudas y temores en su búsqueda de Destino. Estos sentimientos no se irán a menos que aprenda a vivir con ellos, a avanzar a pesar de que estén ahí, a confiar en Dios mientras los siente. Esperar a que sus temores desaparezcan, a que las condiciones sean las correctas, le hará perder su tiempo y nunca hará lo que Dios le llamó a hacer, nunca perseguirá su destino. El tiempo oportuno nunca será el perfecto. Las condiciones siempre serán inestables. Todo el dinero que necesite quizá no esté ahí. Toda la gente que usted necesite quizá no esté ahí. Pero continúe; en cada giro en su camino a Destino, camine con la confianza de que Dios le sacará del problema, de la confusión, de la decepción. O vive con la amenaza del fracaso o vive para siempre como un esclavo del temor. No es lo que usted está viviendo lo que importa, sino lo que *siente* de lo que está viviendo. Cuando Dios le llama a Destino, quizá no sepa si lo está haciendo bien o no, pero continúe avanzando de cualquier forma. Sí, quizá falle, esta vez, o incluso la próxima, o la siguiente vez después de la próxima. Levántese, e inténtelo de nuevo. Continúe. Supere su miedo al fracaso porque eso es peor que fracasar.

El éxito puede asustarle debido al miedo al fracaso. Si realmente nunca ha logrado nada, puede vivir en fracaso cada día y nadie se da cuenta ni le importa. Pero cuando tiene la entrada para el éxito en la mano, pensar en perderla puede aterrarle. Pensar en la humillación pública puede paralizarle. Es una caída mucho mayor desde lo alto de la escalera de Destino que desde el peldaño de más abajo. Pero prefiero alcanzar grandes alturas y arriesgar un grave descenso que no haber experimentado nunca la plenitud de la vida desde arriba.

Deje de pensar que algo anda mal cuando tiene problemas. Deje de pensar que algo va mal porque hay conflicto. Se supone que debe haber conflicto. Los problemas son parte del proceso de Destino. Suponer que la vida debe ser fácil es una mentira. Que todo el mundo puede hacer cualquier cosa *fácilmente* es una mentira. Siga avanzando a pesar del temor que sienta al enfrentar los problemas y conflictos.

¿Qué dice un ginecólogo cuando su paciente embarazada se queja de las nauseas matutinas y de que su ropa le queda demasiado apretada en la cintura? "Eso es parte del proceso". Los problemas y conflictos van junto al proceso de dar a luz a Destino. Los elementos embutidos en el mapa de ruta a

Destino, problemas, peligros, fracasos, decepciones, confusión, traiciones y frustraciones, son todos ellos síntomas de que está en la carretera correcta.

Supere sus sentimientos. No actúe en base a ellos. Actúe en base a lo que ha aprendido en capítulos anteriores: el instinto que Dios le ha dado, el empuje de su Destino divino, el orden que ha establecido en su vida al asentar prioridades, agudizar su enfoque e ignorar las distracciones, llegar a conocerse, y usar la guía de sus mentores. Manténgase a raya a usted mismo. Asegúrese de tener un buen plan, y después actúe en base a sus planes, no a sus temores. Destino puede estar justamente al otro lado de lo que teme.

A mí no me gustan las alturas, pero necesitaba inspeccionar el tejado de un edificio que la iglesia estaba pensando comprar. Tardé más que cualquier persona de la congregación en llegar allí arriba, pero la fuerza impulsora que me seguía empujando para subir más alto era creer que Dios había provisto el edificio. No deje que el temor bloquee el destino de Dios para usted.

CAPÍTULO 13

Destino demanda tener una mente curiosa

Siga el ritmo de la búsqueda de un conocimiento mayor

Usted no tiene que saberlo *todo* para llegar a su destino. Un exitoso cirujano de corazón no tiene que saber necesariamente cómo trinchar el pavo el Día de Acción de Gracias. Su conocimiento de las disecciones lo usa donde puede dar el mayor beneficio para la humanidad. Cuando usted sabe lo que tiene que saber, puede beneficiar a otros en vez de avergonzarse de los límites de su conocimiento. La búsqueda del conocimiento es una aventura en vez de una admisión de ignorancia o limitación. La disposición a pasar a las vistas del conocimiento mayor es una cualidad importante que permitirá que Destino le abra sus puertas.

Pero la búsqueda del conocimiento simplemente por el conocimiento no es una buena estrategia de Destino. Usted puede saber mucho sobre muchos temas distintos, pero si no está usando el conocimiento para cumplir el destino que le da su propósito de vida, ¿de qué vale? ¿Quién quiere ser la persona que se sienta en casa a ver un programa de preguntas y respuestas como *Jeopardy!* y responder bien a todas las preguntas? Use su conocimiento con un propósito que sea útil para la humanidad. Una cosa es tener una mente con conocimiento, y otra muy distinta es tener una mente inquisitiva.

El viaje a Destino exige una mente curiosa. Usted necesita valor para admitir lo que no sabe, para buscar el conocimiento. Esfuércese por cultivar una mente inquisitiva que esté perpetuamente orientada hacia los brazos de amplio alcance del conocimiento. Si se limita a lo que ya sabe, solo hará lo que siempre ha hecho, y seguirá teniendo lo que siempre ha tenido.

Algunos *quieren* lo que siempre han tenido. Se sienten más seguros, más en control en los diminutos confines de la vida arraigada en la ignorancia. Están contentos en una niebla de ignorancia. Ahogan todo y a todos lo que estén bajo su influencia para poder manejarla fácilmente y sentirse en control. Rehúsan el conocimiento y el crecimiento, temiendo no ser capaces de dirigir o de estar en control. Ejemplos son los pequeños propietarios de empresas que se han visto amenazados por las expansivas ideas de un joven empleado nuevo de una compañía mayor; la mamá representante cuya dirección de la carrera de cantante de su hijo limita la exposición de él a lo que ella puede controlar y entender, asfixiando sus oportunidades; y el pastor cuya congregación está creciendo más allá de sus habilidades de dirección, así que ahoga el crecimiento de la iglesia.

Rehusar aprender es el pase que algunas personas usan para ir por la vida sin hacer frente a la realidad. Se visten de ignorancia para no tener que pasar a la acción. El conocimiento necesita acción. La responsabilidad del conocimiento para pasar a la acción es la razón por la que una madre fingirá no darse cuenta de que el padrastro de sus hijos está abusando de ellos. Ella actúa como si no lo supiera porque si reconoce lo que está ocurriendo, sabe que tendrá que denunciarle a la policía. Los servicios de protección de menores invadirán sus vidas. Quizá él pierda su empleo y vaya a la cárcel, y quizá tengan que recurrir a la ayuda pública y vivir en una vivienda pública. Ella escoge la ignorancia porque no puede manejar la responsabilidad, la carga de saber.

El conocimiento trae consigo una tremenda responsabilidad y conciencia de un camino mejor. Oprah a menudo cita a Maya Angelou: "Cuando uno sabe más, actúa mejor". Muchas obras irreflexivas se hacen por ignorancia, pero cuando usted sabe que ninguna raza es superior a otra, ya no puede justificar seguir siendo racista. Cuando usted sabe que amenazar e intimidar a otros no está bien, está obligado a tratar a los demás con cortesía y respeto. Cuando usted sabe que gastar todo su dinero el día que lo recibe y buscar un plan para pagar las facturas después no está bien, está obligado a establecer un presupuesto y seguirlo. Cuando sabe que puede motivar mejor a su hijo con ánimo que con crítica, elogia lo que está haciendo bien y amablemente sugiere maneras en las que puede mejorar las áreas que necesite. Esta correlación entre saber más/actuar mejor es lo que hace que el conocimiento sea una responsabilidad poderosa.

La decisión de perseguir el conocimiento siempre abre un espacio mayor que el que pretendíamos: Destino. Si adquiere conocimiento sobre las inversiones, también aprenderá acerca de personas que usan sus inversiones sabiamente o ilegalmente. Si adquiere conocimiento sobre enseñar, también adquiere conocimiento acerca de los niños, de quienes están protegidos y de los que de algún modo van a la escuela como pueden porque viven con un padre drogadicto. Perseguir el conocimiento puede hacer que usted aprenda más de lo que pretendía. Para algunos, es más fácil ser ignorantes.

Pero la ignorancia no le llevará a Destino. Cuando aconsejo a familias que están viviendo por debajo de su propósito destinado, veo que los miembros de la familia están enojados o se relacionan unos con otros de una forma disfuncional porque sus recuerdos no son precisos o tienen imágenes incompletas de lo que realmente ocurrió. Todos los miembros de la familia vivieron los mismos eventos, pero procesaron la información de formas distintas. La mayoría tenemos una versión de la verdad que está basada en nuestra perspectiva o la fuente que nos informa. En un tribunal, dos o más testigos oculares pueden informar sobre el mismo evento de formas distintas. A veces uno no puede confiar ni tan siquiera en sus propios ojos. Cuando tenemos percepciones imprecisas, juzgamos erróneamente. Las prisiones están llenas de presos por error porque alguien pensó que vio a alguien, cuando la evidencia del ADN después demostró la falsa percepción de lo que realmente ocurrió. Tales juicios a menudo también dificultan nuestro crecimiento personal y nos desconectan de Destino.

Una mente cerrada siempre fabricará parálisis de vida. Es difícil aceptar el desafío de cambiar nuestras visiones, pero si hace lo contrario no podrá crecer. Piense que su perspectiva podría estar limitada o incluso estar distorsionada.

Examine su narrativa personal. Esté dispuesto a desafiar sus pensamientos o posturas. Reexamine las verdades que sostenía previamente. No puede comenzar a crecer o aprender hasta que no esté dispuesto a soltar su apego a las viejas ideas, incluso sus propias ideas.

Perseguir Destino es una conducta que ha estado precedida de un cambio interno. Las personas no pueden cambiar su conducta si no olvidan la historia que se cuentan a sí mismos: "Es culpa de otros que yo esté donde estoy. Debería estar avergonzado. ¡Nunca le perdonaré por lo que me hizo!". Esta negativa a soltar la historia de culpa, vergüenza o rencor a menudo es la culpable que paraliza el progreso.

La gente con una mente abierta a menudo reexamina las situaciones para considerar otras posibilidades o puntos de vista que podrían haber afectado a lo que ocurrió. Sienten curiosidad por nuevas ideas y perspectivas. Examinar su propio pensamiento no es fácil, pero si acepta el desafío de Destino, ¡debe poner a prueba su historia!

Estírese. ¡Suelte y aprenda!

No lo sé son tres de las palabras más poderosas que puede usted pronunciar. Esa simple confesión abre las puertas a la información y exposición. Estas tres poderosas palabras son también valientes, dichas casi siempre por aquellos que tienen un fuerte sentido de autoestima. Las mentes curiosas proclaman "no lo sé" porque quieren extenderse e ir más allá de lo que actualmente saben. Buscan información más allá de su esfera limitada. Su confesión de ignorancia en un tema en particular abre el camino para que los maestros entren y ofrezcan iluminación, sabiduría, entendimiento e información.

La adquisición de conocimiento requiere que nos estiremos para recibir nueva información. Si alguna vez ha estirado alguna parte de su cuerpo, sabrá que puede ser incómodo. Es una experiencia humillante para los que llegan nuevos al gimnasio doblarse y descubrir que no pueden estirarse y tocarse la punta de sus pies. Pero con estiramientos constantes, esos músculos agarrotados se sueltan, y doblarse hacia delante para tocar el suelo con las manos se convierte en algo automático.

Se necesita valor para admitir que no se sabe algo, y valor de nuevo para perseguir el conocimiento a fin de llenar ese vacío. Los buscadores de Destino están seguros en sí mismos, dispuestos a admitir que no saben algo.

Se dice que alguien no puede aprender a nadar y aferrarse al borde de la piscina a la vez. La manera de aprender a nadar es metiéndose en el agua.

Para expandir su conocimiento y exposición en la vida, suelte lo fácil y familiar, como las corcheras de la piscina. Suelte esa mentalidad de pobreza para alcanzar la riqueza, una mentalidad de soltero para casarse, una mentalidad de obrero para convertirse en un gerente exitoso. Algunos mantienen la ignorancia porque el conocimiento significará dejar la comodidad de lo familiar. Una mujer que había vivido en vivienda pública durante más de veinte años se casó con un hombre que se tomaba en serio su papel como esposo y proveedor. Después de unos cuantos meses casados, él le obligó a ella a hablar de un tema que ella se las había ingeniado para evitar: salir de la vivienda pública y comprar su propia casa. Ella se enojaba tanto al sugerírselo que incluso amenazaba con divorciarse. "Él quiere que nos mudemos de aquí a una casa propia", le dijo a una amiga. "¿Y qué tiene eso de malo?", le preguntó la amiga. La recién casada respondió: "Sé que soy capaz de vivir aquí, pero él quiere que salgamos por ahí, ¡a algún lugar donde no sé qué podría pasar!". La mujer no estaba interesada en obtener conocimiento sobre cómo sobrevivir sin el apoyo de la ayuda pública. Ni tampoco estaba interesada en obtener el conocimiento que una esposa debe tener para confiar en su esposo como un amante proveedor.

Si usted ha recibido un ascenso, no puede seguir saliendo siempre con otros trabajadores en la hora del descanso. Podrían acusarle de ser engreído, pero usted tiene una plantilla que dirigir. No puede cambiar su vida y aferrarse a lo familiar. ¡Eso es ignorancia!

Destino se revela a los que asumen riesgos, a esas almas aventureras que están dispuestas a meter algo más que el dedo de un pie en el agua. Si no sabe nadar es estúpido zambullirse en aguas profundas. Pero una vez que decide aprender a nadar, es el momento de soltar el borde de la piscina, el borde donde está lo seguro, lo familiar. Zambullirse en aguas profundas da miedo, porque a pesar de lo cuidadoso que sea o la habilidad de su instructor, sigue existiendo la posibilidad de ahogarse. Meterse en el agua da miedo porque está fría. Pero meterse es la única manera de aprender a nadar. No puede aprender aferrado al borde. Pasar al siguiente nivel de su conocimiento y habilidad funciona exactamente igual, salvo que nadie se ha ahogado nunca en el conocimiento profundo.

Estirar su nivel de conocimiento requiere vulnerabilidad. Esté dispuesto a experimentar lo incómodo de la ignorancia, y a veces incluso vergüenza. Posiciónese en lugares donde pueda aprender y crecer. Acepte sentirse como un completo idiota porque todos salvo usted parecen saber exactamente qué hacer. Póngase su gorra de aventurero y entre en contracto con el niño curioso que está dispuesto a hacer mil preguntas, arriesgarse a parecer tonto, y reírse de usted mismo cuando una oportunidad de aprendizaje no funcione como usted anticipó.

¡Olvídese de las tonterías!

Cada vez me preocupa más una tendencia de la sociedad que se puede describir muy bien como una simplificación de las ideas. La adquisición de conocimiento parece no tener mucho valor o significado. El tiempo, energía y dinero gastados en celebrar la libertad condicional en contraposición con las fiestas de graduación es evidencia de esto. El género de televisión de "reality" ha llevado a una simplificación del entretenimiento. Esperamos menos de la televisión y la gente que aparece en ella, y el oficio y destreza de la interpretación y largas horas de entrenamiento y sacrificio de los actores se devalúan delante de las nuevas estrellas del "reality". Simplificamos la información a un tweet de 140 caracteres en Twitter o un breve mensaje de Facebook o un video de YouTube de unos segundos de duración. El conocimiento que necesita para Destino no llegará en un tweet ni en ningún otro post en las redes sociales. No lo verá en Instagram.

El conocimiento de Destino llega a los que están debidamente posicionados para aprender. El aula de clase. Su mentor. Su actual trabajo. Trabajo voluntario. Las habilidades, herramientas, y sabiduría que necesitará para avanzar en la vida llegan mediante el tiempo y la persistencia.

La expresión "Sé lo suficiente para ser peligroso" indica un conocimiento superficial. Tal conocimiento le da un falso sentimiento de comodidad acerca de su capacidad para tratar una situación. Nuestra sociedad actual parece especializarse en saber justo lo suficiente para ser peligroso. Confiamos en partes de información en vez de perseguir verdaderamente el conocimiento. Vivimos en una cultura rápida y nos gusta conseguir todo rápido. Las escuelas privadas y las universidades en línea a menudo se anuncian para apelar al deseo de una persona de conseguir una educación rápida. No todo el conocimiento llega rápidamente. Conseguir un verdadero conocimiento es como la receta de las lentejas de su abuela. Usted añade lentamente los ingredientes y les da el tiempo de hervir y mezclarse para mejorar su sabor colectivo. Conformarse con una información simplificada es como alimentarse de las máquinas expendedoras cuando podría estar dándose un festín con las lentejas de la abuela.

El verdadero conocimiento requiere una absorción en profundidad de la información obtenida con el tiempo. Con conocimiento, es difícil que alguien le haga temblar. Puede defender sus decisiones y tener menos temor respecto a avanzar hacia su futuro. Busque conocimiento por causa del entendimiento y Destino. Se necesita valor para tener conocimiento en un mundo que simplifica la información. Corre el riesgo de que le digan: "Usted ha olvidado de dónde vino". Pero usted no puede olvidar de dónde vino, porque *vivió* allí y es su base de conocimiento para todo lo que aprende. Si creció en un hogar abusivo, usted *sabe* que no fue agradable. Al obtener conocimiento sobre cómo se relaciona la gente en casas saludables, lo que usted aprendió se refuerza mediante su experiencia en la infancia.

El conocimiento más allá de sus actuales parámetros es la entrada a su futuro. Comience a leer los diarios, blogs y libros que nunca antes ha leído. Vaya a lugares a los que nunca ha ido para que cuando Dios abra la puerta, no esté intentando prepararse. Esté ya preparado. Quizá no le gusta el hockey, pero no le hará daño ir a ver un partido. Quizá no le gusta el ballet, o la música hip-hop, pero conocerlo le ayudará a ensanchar su base de conocimiento.

Alimente los deseos de su mente

Destino requiere una preparación mental, así que absorba la información y el conocimiento igual que se alimenta una mujer embarazada. ¿Sabe que las mujeres embarazadas sienten deseos de comer cosas extrañas que no tienen sentido para nadie? Cuando usted está embarazado de Destino, comienza a desear cosas que su mejor amigo no entiende. Pero solo porque su mejor amigo no lo entienda no significa que usted no esté avanzando en la dirección que Dios quiere que vaya.

Su deseo de conocimiento puede incluso hacer que pierda algunos amigos. Cuando se concentra en el conocimiento de Destino y se interesa por nuevos temas y no está satisfecho con sentarse y hablar de la ropa o las relaciones de otras personas, algunos se apartarán de usted. Relájese. Sus verdaderos amigos le darán espacio para mejorar porque están intentando mejorarse también a sí mismos. Los verdaderos amigos están felices de que usted vaya en pos de más educación, de que comience a trabajar como voluntario en una organización que pueda exponerle a personas que puedan ayudarle en su carrera, o de que comience a salir con un hombre que le lleva a restaurantes donde nunca antes usted había estado.

Aumentar el conocimiento puede hacerle crecer hasta el punto de cansarse de la gente que piensa de manera cuadriculada. Mirará a su mejor amigo de la infancia y se preguntará qué le ocurrió. No le ocurrió nada. ¡A usted le ocurrió algo! Él sigue siendo Don Nadie que trabaja lo suficiente para comprarse un paquete de cigarrillos, medio depósito de gasolina y alguna que otra hamburguesa. Él le llama a usted esclavo porque está dedicado a su trabajo en una compañía de mudanzas: "¡Hombre, solo hablas de ese trabajo que te dobla la espalda!". Don Nadie no entiende que usted está acumulando conocimiento, aprendiendo todo lo que puede sobre la empresa de mudanzas porque sabe que no estará ahí toda la vida, y cuando sea demasiado mayor como para hacer mudanzas, querrá tener su propia empresa de mudanzas. ¿Qué ocurrió? Don Nadie está donde siempre ha estado. *Usted* ha estado creciendo.

Cuanto más aprenda y sea expuesto a nuevas cosas, más

difícil será quedarse en los mismos círculos. A medida que usted expande su conocimiento, mirará atrás y se preguntará cómo estaba satisfecho con un partido de fútbol, los amigos, un paquete de cigarrillos y un paquete de cervezas para acompañar a los perritos calientes. El conocimiento le aparta de eso y le lleva a un lugar mayor. Claro, le seguirá gustando ver un partido de fútbol con los chicos, pero ya no vive para eso, porque ahora sabe que hay algo más.

Acepte el hecho de que su anhelo de conocimiento será una amenaza para algunos. No entenderán por qué dedica su tiempo y dinero en volver a la escuela, o por qué aceptará un puesto de aprendiz con un sueldo muy bajo, o por qué está leyendo todo lo que puede sobre espiritualidad y fe. La gente que se siente amenazada quizá se deleite en su ignorancia, pero son como una persona a quien le diagnostican diabetes tipo 2 que recibe mucha información sobre cómo vivir con la enfermedad: información sobre nutrición, ejercicio, estrés y cómo todos esos factores pueden influir en los niveles de azúcar en sangre, que dice: "Bah, no me importa lo que digan los doctores. Voy a comer lo que quiera. De todas formas de algo hay que morirse". Y muchos *mueren* de complicaciones relacionadas con la diabetes porque rehusaron el conocimiento que les hubiera permitido vivir bien con esta enfermedad crónica. Escogen la ignorancia por encima del conocimiento que mejora la vida. Los buscadores de Destino escogen el conocimiento.

Sus ansias de conocimiento le están preparando para el destino de Dios para usted. Su preparación mental llega mediante el conocimiento.

Las mentes inquisitivas quieren conocer más

¿Está dispuesto a explorar su mente? ¿Tiene el valor suficiente para aventurarse y aprender lo que no saben otras personas? ¿Está dispuesto a limpiar las grietas sin uso de su mente para obtener conocimiento?

El trabajo del curso de Destino puede que resulte un tanto desafiante. No hay programa del curso y los maestros pueden parecer no aptos. Obtenga conocimiento de recursos improbables. Alguien a quien consideraba insignificante podría enseñarle las mayores lecciones de Destino. Aprenda algo de la tía abuela que usted cree que no sabe nada porque es mayor e inculta. Deje que el niño de cuatro años que vive junto a su casa comparta una verdad sencilla que le instruya. El vagabundo que duerme en el banco afuera de su oficina cada día puede dejar ciencia en usted si está aprendiendo los caminos de Destino.

El conocimiento viene de todo tipo de personas y fuentes. Abra su mente a las oportunidades de obtener conocimiento y dedique tiempo a estar con los que no se parecen a usted, piensan como usted o actúan como usted. Puede que resulte que ellos sean los mejores maestros de su vida. Deje que su búsqueda de conocimiento le lleve a lugares donde nunca ha estado para que cuando Dios abra la puerta a Destino por la que siempre ha querido entrar, usted esté preparado.

Como dije antes, distinguir entre la responsabilidad de Dios y la nuestra es difícil porque esa asociación divina y humana es difícil de llevar a cabo. Todos trabajamos por encontrar el equilibro de hacer todo lo que podemos y esperar a que Dios haga el resto. Buscar conocimiento es lo que hacemos mientras esperamos en Dios. El tiempo de espera es un tiempo precioso. Cuando nos estamos preparando con conocimiento mientras esperamos, no estamos aburridos, ni impacientes, ni desesperados. Estamos aprendiendo.

Mientras espera su cambio de carrera, obtenga todo el conocimiento que pueda de la profesión. Mientras espera a su cónyuge, consiga todo el conocimiento que pueda sobre ser una versión mejor de usted mismo. Mientras espera que llegue esa mejora en las finanzas, consiga todo el conocimiento que pueda sobre la administración del dinero y los bienes para que esté preparado. Cualquier cosa que espere que le dé Destino, el conocimiento le llevará y le mantendrá ahí. Mientras espera a que se abran esas puertas, tenga curiosidad y use su tiempo para conseguir el conocimiento que necesita para manejar esa nueva área a la que Destino le está llamando a entrar.

Su mente debe permanecer abierta a la exposición, lo cual viene de muchas formas más allá de su entorno, sus amistades y especialmente su zona de comodidad. Condicione su mente a la curiosidad de lo que la vida tiene que ofrecer. Sienta curiosidad acerca de otras culturas, sus dinámicas familiares, sus lenguajes, su gastronomía y su fe. Permita que su mente curiosa vague por nuevos lugares que Destino le abra. Estar expuesto abre su mente a ideas que nunca podrían haber florecido en su cabeza. Perseguir Destino va a ponerle en espacios no familiares, y con cada nueva experiencia, Dios le estará abriendo el apetito para su siguiente paso a Destino, exponiéndole a lo que necesitará y disfrutará en su futuro.

✦

CAPÍTULO 14

Las distracciones destruyen Destino

Aléjese de lo que no importa

L a pasión exige energía. La visión exige energía. La estrategia exige energía. A medida que Destino le atraiga, necesitará invertirse usted mismo ahí, lo cual significa que no tiene tiempo para actitudes, sentimientos y emociones que le roban la energía, como estar celoso, intimidado o asustado. Usted ha sido escogido para desempeñar el papel que es su destino. Tiene un llamado.

¿Tiene celos de alguien que parece tener más talento que usted? Simplemente haga lo que hace. Ninguna persona fue diseñada jamás para ser otra. El destino de cada persona ofrece satisfacción al hacer lo que Dios ha destinado que haga esa persona. Alégrese por esa persona talentosa y encuentre su propósito, el llamado para sus dones únicos. Si hay alguien a quien envidia, aunque pudiera vivir su vida, no lo disfrutaría. De hecho, probablemente sería un miserable porque esa no es la vida *de usted*.

La frustración con el proceso de Destino también puede hacernos envidiar a personas que parecen haber llegado ya. Recuerde que ellos también soportaron un proceso. Cada éxito tiene una historia detrás que usted no puede ver.

No soy responsable de los dones que Dios dio a otra persona. Dios no espera que yo produzca más allá del nivel de dones que me fueron dados. Mi única obligación es usar los dones que Dios me ha dado a mí lo mejor que pueda.

Los dones que Dios le dio no son los mismos que los dones que el Creador le ha dado a otra persona. Así que, ¿por qué busca lo que Dios ha hecho en la vida de otra persona y menosprecia lo que ha hecho en su propia vida? Si se compara con otros, nunca tendrá paz. El hielo de otro siempre parece más frío. Alguien tendrá más títulos, una cuenta bancaria mayor, una casa más grande, una mente mejor o una mayor capacidad de oratoria. Celebre la piel en la que usted está y sea feliz persiguiendo su propio destino.

Sepa por qué busca Destino

Destino es amargo cuando se persigue solo para demostrarle algo a alguien: el padre que se fue de casa y nunca envió dinero para ayudar a su madre, o la chica que le rechazó en el instituto porque era un empollón. Por eso si ve Destino como una prueba de algo para alguien, deténgase aquí mismo. Regrese al capítulo 6 (*Por el bien del destino, ¡hágase!*) y descubra quién quiere ser y por qué. Usted necesita una fuerte identidad para perseguir Destino.

El secreto es que tiene que ser mayor que usted. Porque si por un milagro, su sueño de servirse a usted mismo llegara a dar fruto, no será lo que usted esperaba si es solo para usted o para su propio ego. Un deseo de servir a la humanidad, ayudar a su familia, o mejorarse usted es más fuerte que su ego. Su ego le motiva a tener éxito por cómo su éxito impresionará a otros. No puede ir patinando a Destino, así que debe saber por qué está dispuesto a soportar los retos. Hacer que otro tenga envidia es un pobre incentivo para ser fiel a las demandas de Destino. Destino es mayor que usted y también debe serlo su sueño.

En un discurso en 2006 que el entonces senador Barack Obama dio a un grupo de estudiantes universitarios, ofreció estas sabias palabras acerca del éxito: "Enfocar sus vidas solamente en hacer dinero demuestra cierta pobreza de ambición. Dice muy poco de ustedes mismos, porque es solo cuando anclan su vagón a algo mayor que ustedes mismos cuando se dan cuenta de su verdadero potencial".

El propósito es mayor que el ego y puede sostenerle mientras viaja por el camino de Destino. Identifique su propósito, ¡y después deje que la paciencia le perfeccione! La paciencia limpia los malos motivos y aclara la visión celosa. Le permite madurar, ¡y aumenta la claridad!

Destino comienza en su cabeza

Destino es algo más que tan solo alcanzar un lugar deseado. Lo que obtiene por el camino a su destino es parte de Destino. No puede llegar a Destino y saltarse personas, experiencias y lecciones. Sus mentores le impulsan a Destino, pero también lo hacen las personas que hacen todo lo que pueden para boicotearle. Los éxitos le impulsarán más cerca de Destino, pero también lo harán sus errores. Las lecciones que aprende le acercarán más a Destino, pero también lo hará la instrucción a la que usted no le prestó atención. Esta compleja mezcla es inextricablemente parte del proceso de Destino.

Para sobrevivir a este proceso usted necesita encontrar gozo en los detalles de su camino a Destino; tareas insignificantes, jefes demandantes, relaciones fallidas, reveses financieros. Manténgalos en perspectiva. Reconozca que cada uno le acerca más a Destino.

Recuerde su estrategia durante estas largas y tranquilas épocas, porque le da razones concretas para seguir empujando hacia delante. Quiera su futuro tanto como para aferrarlo y no soltarlo cuando el día a día le hace sentir que es un fracaso.

Quizá no *sienta* que es una persona de Destino cuando se despierte cada día, pero eso es solo lo que siente. Su *cabeza* le dirá que se levante, que sea puntual y afronte los retos del día porque Destino le espera. Su futuro no está arraigado en cómo se siente sino en cómo actúa. No puede basar su búsqueda de Destino en los sentimientos. Cómo se siente cambia según diferentes variables, pero su mente cambia según el conocimiento y la información. No ceda a sus sentimientos. Las emociones son las saboteadoras de Destino. Golpee sus sentimientos llevándolos a la cautividad mediante la disciplina mental.

La disciplina dice: "Quizá no me gusta lo que tengo que hacer hoy, o no tengo ganas de hacerlo, pero sé lo que debo hacer y por qué tengo que hacerlo". La disciplina es dominio de la cabeza. El auto nuevo que no se puede permitir ahora mismo pero que siente que le haría feliz esperará si tiene una disciplina económica. La disciplina le lleva al gimnasio a entrenar cuando sus sentimientos le dicen que se quede porque hace frío y llueve hoy. La disciplina dice que no repita ese plato; que siga en el trabajo aunque su jefe le haga enojar tanto que se quiera ir; que le diga no a su hija aunque le haga pucheros, se queje o lloriquee durante una semana; que siga en la escuela aunque sienta que lleva toda la vida estudiando.

Los sentimientos le dicen que se arregle las uñas y el cabello porque está un poco deprimida. La disciplina le dice que presupueste la peluquería y las uñas porque tiene que causar una buena impresión en su inminente entrevista de trabajo.

La disciplina toma las decisiones que le llevan a Destino. He echado la vista atrás a decisiones que he tomado y me he preguntado: "¿En qué estaba yo pensando?". Nuestro pensamiento puede tener fallos, se puede torcer o puede estar basado en información errónea. La información correcta y el pensamiento disciplinado llevan a las decisiones correctas. Pero nadie puede ser certero todas las veces en sus decisiones. Como yo, usted también cometerá algunos errores, pero la probabilidad de error es mucho mayor si su vida está basada en los sentimiento en lugar de basarse en las decisiones de la cabeza. Cuando cometa errores, mantenga la cabeza alta, reevalúe y avance en dirección a Destino.

Por encima de todo, guarde lo que pasa por su mente. ¡Proteja ese espacio entre sus oídos con todo lo que tenga! Un soldado a punto de ir a un conflicto, un policía a punto de solventar una revuelta, un jugador de fútbol americano que se dirige al campo, todos se protegerán la cabeza con el casco debido. Proteja su cabeza para que su viaje a Destino esté guiado por el conocimiento y no por sus sentimientos. Proteja su cabeza para no dejar entrar la negatividad. Cuando la gente dude de sus capacidades, cuando tenga un ataque de baja autoestima o cuando experimente un revés, no caiga en un lugar oscuro del que no pueda salir fácilmente. Preserve sus pensamientos positivos. Mantenga sus pensamientos en un buen lugar. Proteja a la persona positiva dentro de usted que le dice que usted tiene lo que se necesita. Vigile la forma en que se habla a usted mismo. Dígase que lo conseguirá, a pesar de lo que ocurra, a pesar de lo que todos los demás piensen. Después de la primera actuación de Elvis Presley, su mánager le dijo: "No llegarás a ningún lugar, hijo. Tendrás que volver a conducir un camión". Fue muy bueno que el Rey protegiera su cabeza ¡y no escuchara! Sus discos han vendido más de mil millones de copias.

Proteger su cabeza es importante porque un consejo desalentador llegará de los sabios expertos, y si está llenando su cabeza con información negativa, puede cancelar los útiles esfuerzos de los mentores, patrocinadores y consejeros. Si quinientas personas le dicen que usted tiene lo que se necesita, lo único que tiene que hacer para cancelar toda esa energía positiva es mirarse en el espejo y decir: "No, no lo tengo". Proteja su cabeza contra otras personas, pero también contra usted mismo.

La opinión de Dios es la única que necesita. Si Dios dice que puede, eso es lo único que importa. Escuche lo que Dios le dice. Después tenga cuidado con lo que se dice a usted mismo. No se destruya. No se golpee. No puede llegar a Destino si se dice a sí mismo que no es lo suficientemente bueno, o inteligente, o apto, o atractivo. No trabaje en contra de Dios desanimándose. Llegar a Destino exige que observe cómo se habla a usted mismo.

Después de la voz de Dios, su propia voz es la más importante que oirá. Usted está con usted todo el tiempo, así que guarde la manera en que se habla. Puede evitar a las personas negativas, pero nunca podrá deshacerse de usted. No puede escaparse de usted. Si se está desanimando a sí mismo, cambie sus pensamientos negativos por otros positivos y los destructivos por los constructivos.

Edifíquese diciéndose palabras que le hagan levantarse. Repela las frases "de incertidumbre" como: "Me pregunto si…" o "¿Qué ocurre si…?", porque esto es solo una especulación negativa. Guarde su cabeza contra la especulación sobre su destino. No puede tener lo que se esfuerza por conseguir en su mano hasta que no lo tenga en su cabeza. Métase en su cabeza, no en sus sentimientos, que puede lograr y logrará sus metas. Cualquier cosa que quiera, métalo en su cabeza. Recuerdo a la perfección una conversación que tuve con mi hermana en West Virginia cuando mi esposa y yo habíamos pasado por algunos retos económicos repetidas veces. Estaba cansado de estar arruinado. Yendo en el auto con mi hermana, le dije: "No voy a seguir estando arruinado". En ese tiempo quizá sonó un tanto necio, ¡pero en verdad he llegado al punto de no estar ya arruinado! El cambio no ocurrió de la noche a la mañana, pero tomar esa decisión en mi mente puso las ruedas en marcha para que la situación económica cambiara para mí y mi familia.

Entre en su zona

Cuando usted está enfocado en su propio camino, su mente se abre a nuevas ideas y revelaciones. Su potencial ilimitado puede ser moldeado por la mano sin trabas de Destino. Los que evitan la atracción de la creatividad son residentes de la zona de comodidad. A quienes les gusta la seguridad habitan en la zona de comodidad. La zona de comodidad es la tierra del status quo, cuyo lenguaje es: "Nunca lo hemos hecho así". Esas palabras detienen el progreso, reprimen la creatividad, y ponen fin a la innovación. La vida en la zona de comodidad exige que no haya reto, ni agallas, ni determinación. Todo el que vive en la zona de comodidad espera hablar como hablan otros, hacer lo que hacen otros, no hacer lo que no hacen otros. Ahogan la creatividad a lo que ellos pueden entender. La zona de comodidad parece ser relajada, pero es tensa y controladora. Los residentes de la zona de comodidad demandan una total lealtad. Usted no puede vivir entre ellos y atreverse a ser distinto. No puede entrar en la zona de comodidad y después salir cuando consigue un destello de creatividad. Será castigado por intentar vivir entre ellos mientras perciben que está simultáneamente traicionándoles con sus nuevas ideas y originalidad.

Grupos de residentes de la zona de comodidad se encuentran

en cada estrato de la vida, desde los rincones más profundos del cinturón de la pobreza hasta los pastos en crecimiento muy cuidados de las zonas residenciales, en la iglesia y en la escuela, en su lugar de trabajo y en organizaciones profesionales. Están en su vecindario, familia, hermandad, fraternidad, y club rural. Están entre "los chicos del barrio" y "los clubes de chicos millonarios".

La juventud afroamericana en zonas urbanas por todo nuestro país a menudo se siente presionada a quedarse en la zona de comodidad de una existencia limitada de pobreza e ignorancia. Son susceptibles a la presión de los iguales e incluso de la familia más cercana para no leer libros, hablar el inglés estándar, sacar buenas calificaciones o ir en pos de una vida que no incluya la cárcel o un embarazo temprano de soltera. La zona de comodidad de su mundo dice: "El histórico racismo y la exclusión nos ha mostrado que no se puede prosperar, así que no comience a comportarse como si tuviera esperanza de tener una vida mejor". Más allá de la zona de comodidad hay un mundo de oportunidades, Destino para los que están dispuestos a salir de su zona de comodidad.

Las zonas de comodidad no tienen un vecindario favorito. En los vecindarios más prósperos, así como en los guetos, la gente está limitada: casarse solo con un cierto tipo, inscribir a sus hijos solo en ciertas escuelas, conducir ciertos autos, comprar en ciertas tiendas, mantener afiliaciones políticas aceptadas, y unirse a tipos concretos de organizaciones. Atrévase a pensar o actuar de otra forma y enseguida deberá moverse, será un marginado de la zona de comodidad. Las personas que viven ahí temen a los desacatadores que hay entre ellos, temen la creatividad porque fuera de su limitada abundancia hay visiones e imaginaciones que no se pueden contener o controlar.

Los buscadores de Destino viven en la zona creativa sin límites o fronteras. Sus energías se revuelven con el proceso creativo. Los que están en la zona creativa se entusiasman con las nuevas ideas y diseños. Esperan nuevas expresiones de imaginación que les vigoricen y aviven. Al igual que los que habitan en la zona cómoda, los de la zona creativa llegan de todas las esferas de la vida, grupos económicos, raza, género y nivel educativo. Arthur Fry, inventor del Post-It, tuvo una carrera exitosa como inventor y científico, pero no habitó en la zona cómoda de los varones estadounidenses de clase media y de mediana edad. Su invento más popular generó toda una industria que continúa evolucionando desde sus comienzos en 1975.

Daymond John, creador de la inmensamente exitosa línea de ropa urbana FUBU, se levantó de la pobreza para llegar al propósito escarbando en su zona creativa. Él da este consejo a los pensadores creativos: "Si a nadie más le gusta, podría ser un éxito". Como a los de la zona de comodidad les gusta la invariabilidad, si las ideas que usted tiene les parecen malas, esa podría ser su luz verde para seguir avanzando. Métase de lleno en la zona creativa y encontrará satisfacción y propósito que no podría ni imaginar habitando en la zona de comodidad. Si le han sacado de la zona de comodidad de sus amigos, trabajo o vecindario, diga: "Adiós, y ¡qué alivio!". Tenga el valor de alejarse de ellos aunque le intimiden con advertencias de consecuencias terribles o posibles peligros de asumir riesgos y hacer algo distinto. Mientras Destino le llama, amigos, seres queridos y colegas del trabajo de la zona de comodidad le dirán que tema volver a la escuela, que tenga cuidado de dejar su trabajo para empezar una empresa, o que no es lo suficientemente creativo para componer música o para escribir obras o libros.

Acepte el reto de ver quién puede llegar a ser. Ignore la

engañosa seducción de la zona de comodidad. Si Destino le está llamando, nunca podrá estar satisfecho con la invariabilidad y la mediocridad. Y si tiene miedo de dejar lo que ya conoce, piense en esto: si tiene el valor de alejarse de lo familiar para perseguir Destino y no le funciona, siempre podrá regresar a ese viejo lugar. Las mismas personas que dejó seguirán ahí cuando regrese.

Tiene que escoger dónde habitará: zona de comodidad o zona creativa. Si es lo suficientemente valiente para ignorar las distracciones, se sentirá como si hubiera llegado a casa cuando llegue a la zona creativa que es su destino. Sus ideas se aceptarán y celebrarán.

Un concierto anual de televisión llamado *Divas Live* exhibió algunas de las mejores voces de nuestros días: Celine Dion, Gloria Estefan, Aretha Franklin, Shania Twain, Whitney Houston, Brandy, Cher, Tina Turner y Mariah Carey. En sesiones juntas, las divas se inspiraban con el rango vocal y la destreza de las demás voces. Así es como funcionan las zonas creativas. Al encontrar su salida de la seguridad de la invariabilidad, se unirá a compañeros creativos que harán que usted sea mejor mientras usted hará que ellos sean mejores.

Encontrar su zona creativa no significa que usted cante, o pinte, o esculpa, o escriba, o muestre algún talento normalmente definido como creativo. La zona creativa es simplemente el lugar donde su no detallado viaje a Destino es libre para explorar todos los caminos. Sea cual sea su propósito revelado, se sentirá vigorizado al abrir su mente a ideas, y cerrar los estrechos corredores mentales de la convención y la invariabilidad.

✠

CAPÍTULO 15

Oiga la voz de Destino

Apártese para escuchar el auténtico llamado de Destino

Fui a visitar a uno de los miembros de nuestra iglesia que estaba encarcelado en unas instalaciones de máxima seguridad para prisioneros con disfunción mental y emocional (esquizofrenia, trastorno bipolar, etc.) Cuando andaba por los pasillos, un interno se me presentó como Dios; otros decían que escuchaban voces que les decían que tenían que hacer daño a alguien o cometer algún acto terrible. Después de la visita, hablé con la doctora del miembro de la iglesia y cuando ella habló acerca de los pacientes que escuchaban voces, yo le dije: "En realidad, no hay mucha diferencia entre lo que usted hace y lo que yo hago. Los dos tratamos con personas que tienen problemas y escuchan voces".

Todos escuchamos voces que pueden tener una influencia en las decisiones de nuestro Destino. Voces que nos dicen: "No eres lo suficientemente bueno", "Estás perdiendo el tiempo", "Nunca te escogerán", o "No te van a dar el trabajo, así que no vayas a la entrevista". Las voces le recuerdan su pasado para que continúe viviendo en vergüenza y miedo a ser descubierto, una peligrosa forma de atadura que hará que pase por alto las oportunidades de Destino.

Algunas veces las voces son viejos amigos, alter egos; por ejemplo, la voz que le dice que le diga a su jefe lo que realmente piensa cuando está parado frente a él sonriendo. La voz que le dice que se dé por vencido cuando una situación se pone demasiado difícil, que abandone a un cónyuge después de treinta años, o que haga algo que va en contra de sus valores porque "nadie se va a enterar". Conoce a un hombre o una mujer por primera vez y una voz dice: "Este es". Todos escuchamos voces. Tenemos que decidir a cuál de esas voces hacemos caso. Cada día usted escoge las voces a las que escuchará. Las voces a las que presta atención son las que se manifestarán en su vida. Si usted ha sintonizado su corazón y su cabeza hacia Destino, entrene su mente para escuchar voces positivas y afirmadoras que le ofrezcan sabiduría.

Monitorizar las voces a las que hace caso es decisivo. Las voces internas que usted escucha deben ser puestas bajo control porque las lleva con usted veinticuatro horas al día. No se puede escapar de ellas. Esas voces están con usted mientras está siendo entrevistado para ese trabajo de su vida con el que tanto ha soñado. Esas voces hablan mientras está en una cita con la persona con la que espera casarse. Las escuchará cuando se mira en el espejo, y de nuevo cuando mira a otra persona y se compara con ella. Cuando mira el balance de su cuenta bancaria, escucha una voz. Cuando mira a alguien que parece tenerlo todo, escucha voces. Voces que le dicen que usted no es lo suficientemente bueno pueden desviar su Destino. Pero cuando usted reconoce que tiene el poder para cambiar esas voces, ¡puede hacerse imparable!

Un constante hilo interno de comentarios críticos puede ayudarle o hacerle daño, pero también pueden hacerlo las voces de las personas que le rodean. Las voces externas tienen el poder de moldear sus sentimientos, lo que hace, y en realidad, todo: desde su armario, a la carrera que escoja o la persona con la que se casa. Los amigos, los seres queridos, e incluso los enemigos nos influencian, pero eso no significa que sus comentarios sean relevantes para su Destino.

Cuando mis hijos más mayores, los gemelos Jamar y Jermaine, eran más jóvenes, me dijeron cómo ponerme una gorra de béisbol: "¡No, papi! No te puedes poner la gorra así. Ya no se llevan así". Así que curvé la visera de la gorra como me enseñaron y me la puse en la cabeza, apropiadamente vestido como para ser visto en público. Años después, cuando mi hijo más pequeño, Dexter, vio mi gorra curvada, dijo: "No, papi. ¡No puedes salir conmigo con esas pintas! La gorra hay que ponérsela baja y el borde tiene que estar estirado". Dos veces fui influenciado para cambiar cómo me pongo algo tan insignificante como una gorra por personas que se preocupan por mí.

Nos dejamos llevar por las opiniones de otras personas en decisiones mucho más importantes de la vida. Todos hemos tomado decisiones basándonos en la opinión de otra persona cuya voz nos importaba. Es bueno buscar el consejo sabio de personas en las que confía, pero puede estar tan influenciado por otras voces que tal vez nunca alcance su Destino.

Si está escuchando a aquellos que le dicen que debería ser un profesor de Harvard a pesar de que usted es profesor de kínder (y ese es su destino) no encontrará la satisfacción con su destino hasta que cierre sus oídos a ellos.

No se lo puede contar a todo el mundo

Una de las realidades más tristes a la que debemos enfrentarnos sobre la vida es el hecho de que no todo el mundo se alegrará cuando prosperemos. Los enemigos no pueden soportar su sueño de una mejor vida, desprecian su alegría, y se vuelven en contra de usted porque usted pone especial cuidado en su habla y su aspecto. Se enojan cuando usted encuentra un trabajo mejor o un nuevo amor. Dejan de hablarle cuando renuncia a ciertos comportamientos negativos.

Cuanto más sus sueños se hagan realidad, cuanto más se acerque a Destino, más se convertirá en un blanco de las opiniones negativas de otros. Puede que incluso personas que no le conocen saquen conclusiones acerca de quién creen que usted es y lo que hace. Criticarán el hecho de si usted está cualificado, es inteligente, atractivo, competente, sofisticado, o si tiene experiencia suficiente para lo que está haciendo. Siempre sacarán la conclusión de que usted no es lo suficientemente bueno y no debería intentar alcanzar su Destino. No se puede agradar a un enemigo.

Los enemigos son una parte tan implícita de su camino hacia delante que casi podría dividirlos en categorías. Algunos dicen que pueden hacer lo que usted haya hecho pero mejor. Otros minimizan las cosas que usted consiga. Hay algunos que critican su deseo de tener éxito y le acusan de ser egoísta, deshonesto o inmoral. Y no nos olvidemos de aquellos que le recuerdan su pasado para desacreditarle o descalificarle, recordando a cualquiera que quiera escuchar lo que usted hizo hace veinte años. Per tal vez, el mayor daño lo hacen los enemigos que le sonríen mientras planean acabar con usted. Las fuertes críticas de estos enemigos no son nada comparadas con la traición de alguien que usted amaba y en quien confiaba y que decía preocuparse por usted. Sea lo suficientemente fuerte como para levantarse de nuevo, incluso después de que los enemigos hagan que caiga de rodillas.

Todo ese drama negativo es suficiente como para hacer que usted le diga a Destino: "¡Olvídalo!". Pero no se le ocurra satisfacer a sus enemigos dándose por vencido. Hágase feliz a usted mismo cumpliendo su sueño; no hay otro camino al éxito.

El camino que le hace sentirse lleno, y le da propósito y alegría mientras le lleva al Destino está salpicado de gente celosa, envidiosa, y enojada cuyos dardos venenosos apuntan directamente hacia usted mientras viaja. El dolor puede hacer que usted se tambalee, pero no se detenga y pierda tiempo en la venganza o el contraataque, o siquiera en una respuesta, porque el antiguo dicho es cierto: "El éxito es la mejor venganza".

Un comediante conocido lo dijo así: "El trabajo de un enemigo es odiarle a usted. Es lo que hacen". Eso es verdad, pero los enemigos también juzgan y chismean. Asegúrese de examinarse a sí mismo para que no comience a hacer lo que hacen los enemigos. Evite compararse con los demás; decir que usted puede hacer las cosas mejor que ellos; desvalorizar sus logros; criticar su deseo de tener éxito; señalar el comportamiento egoísta, deshonesto, o inmoral; o recordarles su pasado. El chisme es una actividad de enemigos. También lo es escuchar el chisme, el cual puede cortar interrumpiendo al chismoso diciéndole: "No necesito saberlo" y cambiar el tema. Busque su destino, y no se preocupe por los demás. Tan solo Dios sabe la historia completa del destino de cada persona; usted no, y por lo tanto no está en condiciones de juzgar. Si se da cuenta de que está deseando que alguien no tenga éxito, le animo a que se centre en usted mismo, en lo que *usted* hace bien, y marche hacia su propio destino. No se permita a usted mismo convertirse en un enemigo.

Antes de llegar al lugar que le está llamando, reconozca con quién puede hablar acerca de su destino y con quién no. Los asesinos de sueños cuestionarán su habilidad, preparación, e incluso el hecho de si usted es digno para vivir su sueño. Sus voces negativas siempre están más que dispuestas a ofrecer una opinión. A menudo, tales comentarios menospreciativos vienen de aquellos que han conseguido muy poco. Quieren que usted tampoco consiga mucho.

¿Está quedándose atrás en cuanto a cumplir su destino por estar escuchando voces negativas? Aprenda a ser selectivo a la hora de escoger las personas con las que compartirá sus sueños. Algunos no pueden tolerarlo. La gente con bajas aspiraciones puede hacerle sentir realmente culpable o ridículo por atreverse a tener un sueño. Es difícil atreverse a alcanzar Destino cuando todos a su alrededor ven el tráfico de drogas y la prisión como el destino predestinado y el tope de sus sueños es ser obrero. Es difícil estar abierto a que su destino sea ser médico misionero cuando todos sus compañeros de clase presumen de haber sido seleccionados por los mejores hospitales. Da miedo confesar que su destino es casarse con el hombre al que ama y ser ama de casa cuando sus amigas hablan acerca de la necesidad de que las mujeres ganen su propio sueldo. No tiene nada de malo lo que ellas quieren. Tampoco tiene nada de malo lo que usted quiere. El hecho de que usted se atreva a tener sueños diferentes puede asustar a las personas, especialmente a quienes están en su zona de comodidad. Cuando se encuentre con esas reacciones, tome nota mentalmente de proteger su sueño de este tipo de personas y entender que la razón de su miedo, enojo, o intimidación no tiene nada que ver con usted o con lo que está destinado a hacer.

En lugar de compartir sus sueños con personas que no los entenderán o que no importan, pase tiempo hablando con usted mismo acerca de lo que Destino tiene para su futuro. Escuche su propia voz afirmando su visión. Véase a usted mismo como una persona próspera antes de tener el dinero en el banco. No, no compre cosas que no pueda pagar. Use el dinero como si fuera rico. Los ricos, especialmente aquellos que trabajaron para ganar su dinero y no los que nacieron teniéndolo, tienden a respetar el dinero y son buenos administradores de sus recursos. No son a menudo descuidados con el dinero. Afirme la prosperidad financiera en su interior para que ya sea una persona rica cuando alcance su destino financiero.

Si usted no está viviendo su destino a medida que viaja hacia él, no será capaz de vivirlo después de haber llegado a su destino. Destino no es solo un lugar de llegada, una meta, un sueño, o un propósito; es un proceso interior de convertirse en todo lo que usted ha de ser. Ya se posee la educación antes de obtener el grado. Las parejas están casadas desde mucho antes de llegar al altar. Ya se es supervisor antes de obtener el título. Si no tiene madera para ser supervisor, tampoco lo será después de conseguir el empleo. Si usted no tiene madera de buen marido o esposa, tampoco lo será después de dar el "Sí quiero". Su mente ya está en el lugar al que usted fue llamado mientras espera el cumplimiento en sí.

Mientras intenta alcanzar el Destino, su visión puede estar funcionando a un nivel más alto que sus oportunidades, lo cual puede crear frustración. En el interior, puede sentir lo que le está llamando; sin embargo, nada ni nadie en el exterior valida su sentimientos. Mantenga su destino cerca de su corazón. Siga escuchando su propia voz. Aférrese a su revelación. Evite compartir su llamado. No todos son dignos de conocer las voces interiores de usted; no dé a los enemigos una abertura para derribarle.

Una opinión es tan solo eso

Las personas que me conocían en mis años de juventud no me habrían escogido para hacer lo que Dios me ha posicionado para hacer. En West Virginia, cuando estaba trabajando en una planta química y predicando cuando surgía una oportunidad, no habría sido la primera opción que habrían señalado para tener un ministerio internacional de treinta mil miembros. La mayoría habría esperado que me hiciera cargo del negocio de servicios de custodia de mi padre. En cada paso de mi vida, personas especularon acerca de cómo terminaría, de lo que sería o de lo que haría. Y la mayoría de las veces estaban equivocados.

Por eso las opiniones no importan. A menudo, Dios escoge al que menos probabilidades tiene de conseguir el ascenso, permiso, cónyuge, o premio. Ahora mismo hay alguien que piensa que no está usted cualificado para hacer lo que está haciendo o tener lo que tiene. Cree que no es lo suficientemente listo, rico, sexy, delgado, o amigable: una madre que piensa que usted no es lo suficientemente buena como para casarse con su hijo, un miembro de la alta sociedad que piensa que usted no tiene nada que hacer al venir a su comunidad privada o a su edificio, o un magnate de los negocios que piensa que las ideas emprendedoras que usted tiene deberían estar en el retrete. Su opinión no es nada más que su interpretación de usted. No le entienden ni le conocen, y no están enterados de su destino. Permítase escuchar esas voces y pasará toda su vida defendiéndose a sí mismo y sus acciones. Si se enteran de su visión para su Destino, seguramente dirán: "De todas las personas, tú eres el que menos probabilidades tiene de hacerlo realidad". Esa es su opinión. Ignórelos. Su futuro depende solamente de lo que Dios le ha creado para hacer.

¡Me alegro mucho de no haber prestado atención a lo que otras personas pudieron haber dicho acerca de mi vida y de mis probabilidades de éxito!

Evite el engañoso cebo de la popularidad

Las opiniones también pueden ser positivas. Es maravilloso saber que hay gente que recibe ayuda o que se alegra mientras usted cumple su destino. Otros pueden animarle tanto que casi le adoren, pero nadie puede permitirse depender de las opiniones de otros. La gente le querrá pero puede volverse en su contra rápidamente. Cuando usted tiene la mira puesta en Destino, no muerda el cebo engañoso de la popularidad. Desarrolle una piel gruesa aun cuando sea popular, y no se crea su propio currículum. Si no lo hace, luego puede ser doloroso escuchar las voces de las críticas no constructivas y crueles. No puede tenerlo todo: no puede escoger escuchar tan solo las voces de aquellos que le adoran y aplacar las voces de los que no lo hacen.

A medida que se abra camino hacia Destino, aprenderá mucho más de aquellos que le critican que de quienes le adoran. Yo aprendí mucho acerca de quién era de mis enemigos cuando pasé por un fuego de críticas. La primera vez que tuve esa experiencia, no podía ni siquiera defenderme porque estaba asombrado de que la gente se preocupara tanto por mí como para escribir acerca de mí, ya fuera negativamente o no. No tenía ni idea de que era lo suficientemente importante como para ser odiado a esos niveles. Mis enemigos me enseñaron mi propia importancia.

Su destino no depende de las opiniones de los enemigos; ni tampoco de los que están en su favor. Todos ellos están juzgando el futuro de usted basándose en cómo es usted ahora mismo, y ese no es el cuadro completo. Tan solo Dios ve el cuadro completo.

No escuche a personas que no tienen nada que perder

James A. Baldwin dijo: "La creación más peligrosa de cualquier sociedad es el hombre que no tiene nada que perder". Aquellos que no tienen nada que perder no se preocupan por su propio éxito, así que por lo tanto tampoco les importa el de usted. Es desalentador saber el número de atletas, actores, y otras personas famosas consumadas que se han topado con el fracaso porque hicieron caso del consejo de alguien que no tenía nada que perder.

La estrella del fútbol americano Maurice Clarett tenía mucho potencial cuando le fichó un equipo importante de la NFL. El joven tenía talento pero se le conocía por mostrar comportamiento negativo. Con el tiempo, sus malas decisiones llevaron a una acusación por robo a mano armada y una condena de prisión. Después de haber cumplido su condena, un periodista deportivo le preguntó cuántas de las personas con las que se había asociado anteriormente le habían visitado durante sus más de tres años en prisión. "Ninguno de ellos", respondió. "Llevaron su comportamiento a la siguiente persona y a donde estuviera la siguiente fiesta". Pero aparentemente, el joven tuvo tiempo de practicar la introspección durante su encarcelamiento. Comenzó a entender por qué a algunos atletas profesionales les cuesta poner cierta distancia entre ellos mismos y aquellos que conocían (incluidos los familiares) antes de firmar contratos de seis o siete cifras. Él observó: "Puede que te sientas culpable o sientas que ellos deberían disfrutar de ese tiempo contigo porque han estado ahí contigo. La verdad es que han estado ahí, pero no han trabajado tanto como tú".

La culpa del superviviente puede afectar a aquellos que escapan con éxito de una vida de pobreza o disfunción. Al sentirse culpables por haber salido de esas circunstancias a fuerza de trabajo, son tentados a llevarse con ellos a otros que conocían antes y que no hicieron nada del trabajo duro, y que solo están interesados en las ventajas del éxito, o que no pueden dejar atrás comportamientos inadecuados. Las personas de éxito a menudo son acusadas de olvidar de dónde vinieron. Se sienten culpables e intentan mantener amistades con personas que no van a llegar a ningún sitio. Destino no requiere que continúe rodeándose de personas que formaban parte de una vida de la que usted trabajó duro para salir.

Un hombre trabajador pero pobre se cansó de estar atrapado por las circunstancias limitadas de su vida. Hizo una lista de sus amigos y se fijó en que uno de ellos, que no era especialmente listo o talentoso, había amasado riqueza. Le preguntó a su amigo cómo había acumulado su fortuna. La respuesta del amigo rico fue: "Mantén la compañía adecuada".

El hombre observó que todos sus otros amigos odiaban el trabajo duro y no tenían deseo de superarse a sí mismos. Decidió hacer nuevos amigos asistiendo a convenciones y seminarios para conectar con gente exitosa. Después de haber reemplazado su red de amigos completamente, hizo una lista con dos columnas: aquellos que mejorarían su vida si se asociaba con ellos y aquellos que le tirarían para abajo. A continuación tomó dos decisiones: pasaría el mayor tiempo posible con los que mejorarían su vida; no pasaría más de cinco minutos alrededor de la gente que le tiraría para abajo. Después de tres años, ¡el hombre era millonario!

Sus asociaciones no tienen que ser con los ricos, poderosos o famosos, pero intente siempre relacionarse con aquellos que están decididos a vivir una vida de propósito. De las personas con las que regularmente pasa tiempo, pregúntese: "¿Dedica su tiempo esta persona a ayudar a la humanidad o a destruir a la humanidad?". Después de darse a usted mismo respuestas sinceras, decida si cada una de esas relaciones le beneficia a la hora de alcanzar su destino.

Oiga la vocecita calmada de Destino

Un hombre que poseía un almacén de hielo perdió un valioso reloj entre el aserrín del almacén. Llevó a cabo una rigurosa búsqueda en el edificio, cuidadosamente pasando un rastrillo por el aserrín, pero no lo encontró. Sus trabajadores también lo buscaron, pero nadie pudo encontrarlo. Cuando sonó el silbato del mediodía, los trabajadores salieron del edificio para comer. Mientras estaban fuera, un niño que había oído acerca de la infructuosa búsqueda se coló en el almacén. Pronto encontró el reloj. Asombrado, el dueño le preguntó cómo lo había encontrado.

"Fue fácil", explicó. "Cerré la puerta y me tumbé sin hacer ruido en el aserrín. Simplemente me quedé muy quieto y pronto escuché el tictac del reloj. Seguí el sonido hasta que lo encontré".

¿Ha escuchado el sonido de Destino llamándole? ¿O piensa que ha sido pasado por alto? La belleza de Destino es que hay una tarea para todos. Usted no ha sido olvidado o dejado a un lado. Tal vez simplemente tenga que callarse y seguir el sonido de Destino.

La vida avanza rápidamente, y a menudo, también ruidosamente. La persona promedio procesa una lluvia de mensajes durante cualquier momento dado del día. Por la mañana, usted se levanta pensando en todo lo que tiene que hacer en ese día. Esos pensamientos pasan rápidamente por su mente mientras se viste. Atraviesa el tráfico de la hora punta diariamente mientras escucha su DJ favorito o CD de música. En la oficina, escucha voces a lo largo del día de trabajo, y a medida que el día llega a su fin comienza a pensar en su tarde. Y en medio de todos estos mensajes, su mente le está hablando acerca de sus hijos, su pensión, su hipoteca, o su rutina de ejercicio. ¿Cómo puede oír la llamada de su destino?

A veces, Destino habla calladamente en oportunidades sutiles de mano de aquellos de los que menos lo esperamos. La persona normal delante de usted en la fila para entrar al cine podría ser el ejecutivo que le podría contratar o ser su mentor. Asistir a un evento que no es parte de su círculo social normal podría ponerle en contacto con las personas que le ayudarán aconsejándole ir a otro lugar en el viaje de su Destino.

Destino es una poderosa fuerza atrayente pero no le agobiará gritándole. La calmada voz de su futuro le da pequeños tirones cuando usted está en contacto con la verdad de que tiene un futuro y un propósito.

Esa voz puede guiarle. Conéctese con la voz discreta de Destino y escuche. Quédese callado y quieto, como el niño que encontró el reloj cuando nadie más pudo. Si nunca ha practicado quedarse quieto, descubra los beneficios de encontrar su lugar calmado. Desarrolle una práctica diaria de calma para que pueda estar en sintonía cuando Destino le hable. Llegue a un lugar calmado a través de la oración, la meditación o la reflexión. Use su tiempo calmado para visualizar la vida que desea. En ese tiempo de calma, reflexione acerca de eventos y conversaciones que pueden ser oportunidades para alcanzar otro nivel. Piense acerca de cómo está creciendo y mejorando en preparación para lo que Dios tiene preparado para usted.

Usted oye sonidos durante todo el día cada día, pero la voz

del Destino requiere que usted escuche. Encontrará el mensaje que Destino tiene reservado para usted cuando vaya más allá de la acción física de tomar estímulos auditivos y llegue a comprender y a responder al mensaje que se encuentra en el interior de los sonidos que oiga. ¡Shhhh! ¿Ha oído eso? Destino le está hablando ahora.

◆

CAPÍTULO 16

Expuesto a Destino

Entre valientemente en las aventuras de la vida

La clave para completar su viaje hacia Destino es resistir la necesidad de retirarse a los entornos familiares del pasado. En un nuevo entorno, el ayer puede parecer bastante bueno porque es un entorno familiar. Pero si pudiera volver al ayer, no sería tan cálido, maravilloso o apetecible como piensa. Usted recuerda el confort y la seguridad de los buenos tiempos, pero si volviera a la casa en la que creció, probablemente se daría cuenta de que las habitaciones son apenas lo suficientemente grandes como para poder moverse, no habría niños jugando al balón en las calles como usted y sus amigos lo hacían, y el supermercado más cercano no tendría su marca favorita de café orgánico. Durante un ataque de soledad, querrá volver con su antiguo novio, pero recuerde: está amenazado por personas que tienen más educación que él, presume de sí mismo hasta la saciedad, y su madre controla todos los aspectos de su vida. La frustración del balanceo entre excesos y escaseces al comenzar un negocio hace que usted anhele los sueldos constantes de su antiguo trabajo. Pero recuerde que el sueldo no era tan grande, el jefe criticaba sus reportes, y las conversaciones insignificantes en reuniones de empleados le hacían querer gritar.

Ignore la tendencia a dar glamur a lo que dejo atrás. Si el lugar que dejó hubiera sido tan bueno, no lo habría dejado para responder al llamado del Destino. No haber llegado a su destino aún puede hacerle incluso recordar un pasado descontento como si fuera algo bueno, y a continuación dudar de a dónde se dirige. Comienza a preguntarse si realmente tiene lo que hace falta tener. Entierre eso ahora. Usted tiene todo lo que necesita en el momento en que lo necesita. El lugar donde antes estaba no indica a dónde va. Usted tenía lo que necesitaba para entonces y tiene lo que necesita ahora. Aprendió las lecciones que tenía que aprender de donde estaba antes. Ahora es tiempo de ir hacia delante.

Suelte lo que estaba en su pasado y deje que se quede ahí. Sea agradecido por los recuerdos. Sea agradecido por las lecciones aprendidas, incluso las difíciles. Sienta alivio de que las experiencias negativas se acabaron y que sobrevivió a ellas. Siga moviéndose porque no puede andar hacia delante mientras mira hacia atrás. Hay muchas más cosas de la vida que Destino debe revelarle. Dele una oportunidad a Destino. Haga sitio para su presente. Necesita toda la energía que emplea en idealizar su pasado para aprender las lecciones que necesita para prosperar en su presente y sobresalir en su futuro.

Por muy incómodo que sea apartarse de lo que le resulta familiar, sepa que Dios le está poniendo en esa posición con un propósito, mostrándole lugares nuevos, gente nueva y experiencias nuevas. El destino de Dios para usted es emocionante y le va a cambiar la vida. ¿Por qué intentar volver atrás?

La exposición es su manejo de prueba para Destino

¿Ha visto alguna vez un auto en un anuncio o en la exposición de una tienda de autos y ha decidido hacer un manejo de prueba con él? Mira el precio de la pegatina y luego se sienta en el asiento del conductor. Lo conduce para ver cómo se comporta en la carretera. Mientras está en un manejo de prueba, piensa en cómo se siente el asiento y si tiene o no suficiente espacio para las piernas. Si el auto cumple todas sus necesidades físicas, usted preguntará acerca de la financiación y los pagos mensuales. Después toma la decisión de comprarlo o no. Puede que no pueda permitirse comprar el auto, pero el haber tenido la experiencia de conducirlo puede que sea suficiente para motivarle a trabajar más duro para conseguirlo algún día. O tal vez decida que todo lo que ha oído acerca del auto era exagerado y realmente no le gusta.

Estar expuesto es como un manejo de prueba en un auto. Usted entra en una nueva arena y comprueba si encaja. Examina lo que cuesta estar en ese ambiente y determina si quiere pagar el precio o no. Se informa acerca del nuevo ambiente, igual que lo haría con el auto, y aprende todo lo que puede. Debe acostumbrarse con esfuerzo a lo que Dios le está exponiendo y cómo se siente, de la misma forma que debe acostumbrarse a cómo se siente un auto nuevo. Usted se pregunta: "¿Encaja este estilo de vida conmigo?". Cuando no encaja con sus necesidades o su autoimagen, sabe que debe seguir buscando.

Destino continuamente nos da oportunidades de estar expuestos a lo nuevo, diferente, y mejor. Un potente catalizador fundamental para el cambio en la vida es estar expuestos a nuevos hechos, ideas, culturas, idiomas e información.

La exposición da poder porque puede moldearle y cambiarle. Usted es la suma total de su exposición. Piensa de la forma en que lo hace dependiendo a lo que haya sido expuesto. Las comidas que le gustan se basan en aquello a lo que ha sido expuesto. La ropa que se pone, e incluso la forma en que se peina, se deben en gran medida a la exposición.

La exposición amplía su forma de pensar. Se da cuenta de

que el mundo es mucho más grande que el lugar donde creció, y que puede moverse por ese mundo más grande. La exposición le enseña que hay más de una forma de hacer las cosas y que no hay necesariamente ninguna que esté bien o mal, simplemente son diferentes. Por ejemplo, después de que los estadounidenses visitan otros países, a menudo afirman: "Allí, conducen por el lado equivocado de la carretera". En realidad, conducen por el lado contrario de la carretera. La forma en que se mueve el tráfico en Inglaterra no está mal; es diferente de los Estados Unidos. La exposición le enseña que muchas decisiones en la vida se tratan de escoger algo diferente en lugar de seguir un estándar universal que requiere que la gente viva de cierto modo.

Aquellos que tienen una gran exposición tienden a ser más abiertos y juzgan menos, porque han escogido retar a su forma de pensar y hacerse vulnerables a nuevas ideas y experiencias.

Pero estas son las mismas razones por las que algunas personas prefieren no estar expuestas a nuevos pensamientos o ideas. La exposición es una decisión. Usted puede decidir aceptar el trabajo que le han ofrecido en la sucursal internacional de la compañía en la que trabaja o puede quedarse donde está; con la misma gente, viviendo en la misma casa, comiendo la misma comida, y conduciendo por el mismo camino cada día para ir a trabajar.

Pero no tiene que viajar por medio mundo para ampliar su exposición. Puede ampliarse a sí mismo tomando una clase de arte culinario, de baile de salón o escultura, aprender un idioma nuevo, o comenzar un nuevo pasatiempo. Exponerse a conocimientos nuevos y experiencias nuevas es una decisión que se toma para no vivir encerrado en el espacio en el que creció.

Como he mencionado antes, una vez que usted ha sido

expuesto a nuevas ideas y experiencias, ya no sentirá tanta confianza en los lugares y las circunstancias que antes le afirmaban. La mayoría de las personas no tendrá la capacidad para animarle a aprender más y hacer más cosas. Ellos dirán: "¿Sigues yendo a la escuela? ¡Tendrás ochenta años cuando tengas una carrera!". O: "¿Por qué sigues trabajando como un esclavo para obtener ese trabajo?". O: "¡Te crees demasiado bueno como para juntarte con nosotros ahora!". Use este tipo de comentarios menospreciativos para motivarse a salir del falso confort de la mediocridad. No deje que su ignorancia le desanime respecto a perseguir Destino. Tome la decisión consciente de rodearse de gente que hará que usted quiera subir al siguiente nivel, aprender más, y hacer las cosas mejor. Intente también animar a otros que tengan el deseo de mejorar cuando Dios le bendiga con una mayor exposición. Compártala con personas que no hayan tenido el beneficio que usted tiene gracias a su experiencia; por ejemplo, un joven que viene pisando fuerte. Pero recuerde que ese no es el único propósito por el cual usted aumenta su exposición.

La exposición se trata de decisiones conscientes. Es fácil rodearse de personas que saben menos que usted y que no han tenido los beneficios que usted tiene gracias a su experiencia. Esas no son las relaciones que allanan su camino a Destino. El camino a su futuro se va abriendo en base a sus relaciones con las personas que saben más que usted, aquellos que han viajado a mundos que usted no ha visto y cuyas vidas han tocado a otros de formas que usted anhelaría poder hacerlo.

Cuando usted escoge ampliar sus horizontes, el precio puede ser perder relaciones, tener que soltar antiguas tradiciones familiares, y sentir incomodidad. Puede que sienta que no encaja en ningún lado: las situaciones nuevas le resultan muy poco familiares y ya ha dejado atrás lo antiguo. Puede que se preocupe de si las personas nuevas que está conociendo le acepten. Puede que usted no sea tan bueno en este trabajo o tenga tanto talento como piensa. Quizá no acepten a una mujer en posición de supervisora. Tal vez sus nuevos suegros se pongan en su contra. Tal vez sus nuevos vecinos sean orgullosos o racistas. Puede que tenga tantos pensamientos poco familiares e inquietantes a causa de esta exposición que comenzará a pensar: "Tal vez cometí un error". Se preguntará: "Tal vez no pertenezco en este mundo". Y puede que tal vez realmente no pertenezca, pero la exposición es lo que le enseña si pertenece o no. Puede que experimente ansiedad por el terreno poco familiar, o puede que decida que cierta cosa no es para usted.

Superar y dejar atrás los sentimientos de incomodidad es parte del reto de conseguir más exposición al acostumbrarse a su nuevo ambiente. Siéntase cómodo con que la gente le llame Dr. _____. Familiarícese con los acontecimientos recientes para poder unirse a la conversación en la cena en casa de sus futuros suegros. Invierta en un armario apropiado para los tipos de eventos a los que se requerirá que asista para que no se cohíba. Siéntase a gusto con los beneficios de viajar en el jet privado de su compañía y con los privilegios especiales que trae el nuevo trabajo de sus sueños. Todo esto es parte de la exposición.

Cuando la incomodidad de su nuevo ambiente le hace tener miedo, viaje sobre la ola de sentimientos lo suficiente como para haberle hecho una buena prueba de manejo. Su inicial respuesta de ataque o de huida puede que le sugiera correr para salvar su vida, pero decídase a usar su respuesta de pelear y mantenerse expuesto a su nueva situación hasta que su nivel de comodidad aumente. Luche contra los sentimientos de incapacidad y sea el amo del nuevo espacio.

La exposición también le ayuda a saber lo que no quiere. Puede que haya soñado con ser famoso, pero cuando se expone a una pequeña muestra del costo que tiene la fama, quizá cambie de opinión. Puede que decida que prefiere la libertad de dar un paseo por el centro comercial sin ser interrumpido y sin un séquito, sin ser agobiado por paparazzi o gente buscando autógrafos. Puede que haya soñado con ser un gestor de cartera de inversiones, pero una vez que es expuesto a lo que realmente sucede en la industria, quizá se da cuenta de que no tiene la suficiente paciencia como para lidiar con los caprichos y las excentricidades de "niños de papá". Puede que haya soñado con obtener un título en leyes y convertirse en abogado, pero con un poco de exposición decida que lo suyo son las leyes corporativas. Puede que sueñe con tener su propia empresa, pero a través de la exposición descubre que la recompensa no compensa, desde su propio punto de vista, los riesgos del autoempleo. La exposición puede ayudarle a saber dónde encaja y dónde no. Dicho esto, dele tiempo al nuevo campo antes de decidir si encaja o no. Las primeras impresiones podrían estar basadas en información defectuosa o incompleta.

Es maravilloso que nuestro país posindustrial haya crecido para permitirnos adquirir exposición a través de más de una carrera. Hace un par de generaciones, una persona que tenía más de una carrera era vista como inmadura o inestable. Antes, una persona encontraba un trabajo o abría un negocio y no se movía de ese puesto en toda su vida. Ahora pensamos basándonos en varias fuentes de ingresos, ganando dinero en diferentes áreas de esfuerzo. ¿Cómo decidimos hacer esto? Exposición. Quizá trabaje como contable para una pequeña empresa. Entonces, para expresar su lado creativo, puede que tenga una pequeña empresa de organización de bodas. Quizá tiene también un blog sobre noviazgo y relaciones. La exposición le enseña que tiene múltiples talentos y puede desarrollar varias tareas, incluso a la vez.

Escoger la exposición le exigirá mirar diferentes cosas y prestar atención a la vida de nuevo. Sumérjase. Lea. Dé. Ore. Actúe. Sacrifíquese. Piense. Planifique. Haga estrategias. Evalúe. Nuevas experiencias, nuevo conocimiento y nuevos entornos pueden cambiar por completo su enfoque de la vida. Temor. Emoción. Ansiedad. Nerviosismo. Inquietud. Inseguridad. Estos sentimientos son el precio de exponerse. Ya sea que sintonice con su nuevo entorno o no, su exposición al mismo es siempre una bendición. El hecho de que Dios le haya expuesto a algo es siempre una señal de que puede ser suyo. Dios le está exponiendo para que pueda absorber Destino de lo más profundo de su alma. Respire, respire y crea, y deje que Dios abra las puertas a Destino a través de la exposición.

Destino llega en partes

La exposición a nuevos pensamientos y experiencias es a veces algo extremadamente incómodo para nosotros porque tememos el terreno desconocido en el que Dios nos sitúa. Así que Dios tiene que revelarnos nuestro destino en partes. Si Dios le mostrara lo que el Todopoderoso realmente tiene preparado para usted desde el principio, podría asustarle y hacerle correr a esconderse a un rincón del que podría no volver a reaparecer nunca. Dios le creó y sabe lo que usted es capaz de hacer, pero usted no. Quizá se ve como solo un estudiante de química o meramente un mecánico. Dios ve la pasión dentro de usted que va más allá de sus actuales circunstancias. Dios ve el gran inventor, empresario, médico o maestro que puede llegar a ser. Si Dios le mostrara lo que el Creador realmente ve en usted, probablemente no podría soportarlo. Así que usted recibe un poco de ello cada vez. Tiene tanto que aprender durante el viaje, que lo recibe en etapas.

Cuando yo era un niño, jugábamos a un juego llamado "Mamá, ¿puedo?". En algunos momentos, el niño que era "Mamá" decía: "Da tres pasos de bebé" o "Da tres pasos de gigante". El niño que recibía la orden tenía que decir primero: "Mamá, ¿puedo?", antes de dar ese paso. De forma similar, es importante recibir la dirección de Dios para dar el siguiente paso. Y por mucho que le guste dar pasos de gigante, a veces las instrucciones de Dios podrían ser dar un par de pasitos de bebé. Usted recibe poco a poco, como un niño que acaba de empezar a tolerar la comida sólida.

A veces se ve expuesto a la empresa siendo interino antes de comenzar su camino para convertirse en director general. Quizá su exposición a la vida de un abogado de distrito llega mientras estudia la carrera de derecho. Su introducción a tener su propia empresa de jardinería puede que comience cuando usted corta el césped en el vecindario. Su carrera como artista en solitario podría despegar cantando en el coro de la iglesia. Cada oportunidad entonces se levanta sobre la última hasta que llega a estar plenamente listo para entrar en la posición a la que Destino le llama. Cuando Destino se despliega en vez de explotar delante de nosotros, podemos tener un mayor entendimiento de dónde hemos estado y hacia dónde vamos. Conocer plenamente todo lo que el Todopoderoso tiene preparado para nosotros probablemente nos asustaría. El yo que vemos ahora no es la persona que el Creador moldeará para recibir Destino.

Cuando era un niño, fui a un evento donde mi madre hablaba a un grupo de hermandad. Todas me conocían como el hijo de Odith Jakes. Oír a mi madre hablar fue una exposición que Dios me dio a un diminuto destello de mi futuro. Después de su discurso, le dije: "Ahora me conocen como tu hijo, pero un día te conocerán a ti como mi madre". Dios me mostró una parte de mi destino en ese momento. No tenía ni idea de que The Potter's House estaba en mi futuro, pero sabía que tendría la oportunidad de hablar a grandes grupos de gente.

Vaya con el fluir de Destino

Cuando Destino es una aventura, puede aceptarla. Pero cuando Destino amenaza la seguridad de su trabajo o pone en riesgo sus recursos económicos, se parece más a una pesadilla. Cuando Destino parece dañino, sea flexible para cambiar a fin de que en el momento oportuno, esté en posición de dar otro paso para acercarse a donde tiene que estar.

Ir con el fluir de Destino no significa que no experimentará dolor, daño, ansiedad, enojo y pérdida. Significa que no deja que esas cosas le paralicen y le roben la oportunidad de experiencias de una nueva vida y un nuevo propósito.

Cuando alguien se está muriendo, después de haber resultado fallidos todos los esfuerzos médicos y de resucitación, no hay nada que se pueda hacer para detenerlo. Del mismo modo ocurre cuando un bebé está a punto de nacer, cuando se rompe aguas y la mamá comienza con los dolores de parto. Lo único que puede hacer en esos momentos de nacimiento y muerte es adaptarse y ajustarse a la situación.

Aprenda a avanzar y encontrar formas significativas de llenar el hueco que creó la pérdida en su vida o estirarse para acomodar al nuevo miembro de la familia. Eso no lo conseguirá hacer en un día, o porque tome una decisión. Es un proceso. Pero cuando usted sigue moviéndose con el fluir puede diseñar una nueva forma de encontrar significado en la vida.

La organización Mothers Against Drunk Driving (MADD) [Madres Contra la Conducción Ebria] fue fundada por una madre cuya hija resultó muerta por un conductor ebrio. Esta madre apenada encontró una forma de seguir moviéndose en el fluir de la vida, el cual ya no incluía a su hija, para encontrar un nuevo propósito para su propia vida.

Si la compañía donde usted trabajó durante veinte años cierra, déjela morir y confíe en que Destino le está llamando a una nueva situación. Cuando su matrimonio termina después de todos sus esfuerzos por mantenerlo vivo, siga acompañando al fluir de Destino. Cuando se dé cuenta de que una situación en concreto no se puede salvar, suéltela y ábrase a las nuevas oportunidades.

El Dr. Martin Luther King nunca pretendió ni deseó ser una figura tan reconocida o polarizadora. A mediados de 1950, cuando los ciudadanos negros de Montgomery, Alabama, formaron la Montgomery Improvement Association, necesitaban un orador para su boicot del sistema de tránsito de autobús de la ciudad. Los pastores de Montgomery acudieron al joven y bien educado pastor que era muy nuevo en la comunidad. El Dr. King quizá habría escogido una vida distinta, ya que había sido educado en instituciones de prestigio, pero el liderazgo durante la era de los derechos civiles se le vino encima, un papel que reticentemente aceptó pero que después abrazó totalmente. El Dr. King avanzó con el fluir de Destino y cambió el curso de una nación y del mundo.

Cuando escogemos avanzar con el fluir de Destino, estamos confiando en que Dios tiene propósito en las cosas que nacen y mueren de nuestras vidas. Al avanzar con el fluir de Destino, nos encontraremos con una parte mayor de nosotros que aún debe ser revelada.

Cuando no podemos avanzar con el fluir de nuestro destino, cuando el fluir cambia y rehusamos viajar con él, puede que descubramos que ya no podemos seguir disfrutando lo que solía aportarnos placer. No nos podemos reír de las cosas que solíamos encontrar divertidas. Quedamos insatisfechos con las cosas que solían producirnos contentamiento.

La vida tiene muchas oportunidades maravillosas que no nos llegan mediante la precognición o mediante ninguna planificación por parte nuestra. Debemos aprender a ir con el fluir, incluso cuando parezca como si Dios hubiera removido lo que antes nos aportaba seguridad y paz. Destino requiere que avancemos.

Mire desde la perspectiva de Destino

A Charles Swindoll se le ha atribuido esta observación: "La vida es un diez por ciento lo que me ocurre y un noventa por ciento cómo respondo a ello". La perspectiva que usted adopta del fluir y las transiciones de la vida marca la gran diferencia.

Ronald Cotton pasó treinta y cinco años en prisión por una violación que no cometió. Absuelto mediante la evidencia del ADN, Ronald y su acusadora, Jennifer Thompson-Cannino, se hicieron buenos amigos e incluso fueron coautores de un libro. Pero Joseph había tomado la decisión de perdonar a Jennifer mucho antes de su liberación. "No podía seguir con mi estancia en la cárcel teniendo rencor y pensando en vengarme de la persona que cometió un error honesto. Tenía que continuar con la vida a pesar de ello". La perspectiva es por lo que un hombre puede pasar décadas en prisión por un delito que no cometió y no querer vengarse de su acusadora. La decisión de continuar con la vida a pesar de lo que ocurra es la razón por la que algunos prosperan en las transiciones, mientras que otros se secan.

La perspectiva es cómo ve usted lo que le ocurrió. La perspectiva la hace mirar a los escombros de la devastación y ver al ave fénix levantándose de ellos.

Cuando las personas oyen la palabra *gracia*, por lo general piensan en su significado en términos religiosos, pero gracia también se puede entender como una virtud o disposición hacia una cosa. Usted puede tener cierta gracia para hacer algo y luego perderla, así que su perspectiva cambia. Puede tener la gracia para trabajar semanas de setenta horas y eso no le molesta. Puede incluso prosperar con ello. Puede hacer esto durante mucho tiempo, después enamorarse, casarse, tener hijos y al ver a sus hijos crecer tan deprisa, quizá pierda su gracia para trabajar tantas horas. Pasar tiempo con la familia se convierte en algo mucho más importante.

Quizá en su tiempo tuvo la gracia de apagar fuegos en el trabajo pero ahora ha perdido su gracia por la incesante presión. A medida que se expone más, su perspectiva cambia. Mediante la exposición usted descubre que no tiene que vivir como lo hace ahora. Mediante la exposición usted descubre que es digno de una pareja que le respete, y su perspectiva cambia. Mediante la exposición se da cuenta de que su talento puede darle un buen sueldo y un gran sentimiento de realización. La exposición cambia su perspectiva.

Si se toma en serio el Destino, recibirá el don de la exposición y estará dispuesto a cambiar su perspectiva. Mediante los altibajos de la vida, mediante los retos, las oportunidades, las perspectivas cambiadas, dé la bienvenida a la exposición a lo nuevo. Usted nació para estar ahí. Resista la urgencia de regresar a lo familiar y recuerde que aunque lo haga, lo que dejó atrás no será lo mismo ahora. La exposición le ha hecho una persona distinta que no puede regresar a la vieja situación. Enfóquese en lo está delante y después viva en el poder de Dios para llevarle hasta ahí.

❈

CAPÍTULO 17

Destino demanda valor

¡Sus pasos son imparables!

Se necesita valor para producir lo que Dios está sacando de usted. Significa que usted debe subir a un nivel más alto, un lugar desconocido que no ofrece garantía de lo que ocurrirá cuando llegue allí. En una cultura que adora el éxito pero a la vez pregunta: "¿Quién es *usted* para pensar que puede ser exitoso?", se necesita valor para creer que usted puede aportar algo. ¿Quién es usted? Usted no es rico ni tampoco su papá. No es famoso o poderoso. Los anuncios que ve en los medios dicen que no es usted bien parecido. ¿Cómo se atreve a creer que Dios tiene un Destino gratificante para usted? ¿Quién es usted para soñar con el éxito? Cualquiera que sea la forma que tenga para su vida el éxito, mi destino es confirmar que la puerta hacia Destino está abierta a cualquiera que tenga el valor de llamar.

Los éxitos económicos, comerciales y profesionales están subordinados al viaje a Destino. Siga aquello en lo que cree y disfruta. No comience una búsqueda para intentar descubrir la forma más rápida hacia la fama y la riqueza. Ese es un punto vital de Destino. El suyo puede que incluya fama, pero la fama no es el propósito de Destino. Busque su destino. No se una a la multitud de miles que intentan ser famosos porque les encanta la fama, la adulación y la atención que trae consigo. Los que disfrutan fama duradera nunca buscaron la fama en sí misma. Estaban siguiendo un sueño o una visión para lograr algo que les atraía.

Sea valiente y averigüe quién es usted realmente, no lo que la sociedad, sus padres, cónyuge, jefe o mejor amigo quieren que sea. Se necesita valor para conocerse y decir: "¿A quién le importa? ¡Yo voy en busca de mi destino!".

Encuentre el valor para caminar por los escombros de las relaciones rotas cuando pierde amigos o sufre la traición mientras sube por la escalera de Destino. Es doloroso. Mi propia experiencia en la vida me dice que aunque los elogios vienen de los periódicos y la televisión, hay un dolor privado que debe soportar cuando la gente a la que usted amaba, en la que confiaba o que admiraba se vuelve contra usted con envidia. Duele que le critiquen cuando usted está intentando hacerlo lo mejor posible. Duele en lo más hondo cuando descubre la falta de sinceridad de aquellos que pensaba que le amaban; solo amaban lo que usted podía hacer por ellos. Es una cruda realidad afrontar que alguien simplemente quiere que usted fracase. Usted no sabe por qué; ellos no saben por qué; sencillamente no pueden soportar la idea de que usted consiga lo que quiere en la vida. Pero no puede pasar por la Puerta de Destino sin pasar por el Salón de las personas que odian.

Sea valiente para perseguir Destino. Levántese en este mundo ocupado por más de siete mil millones de personas, y diga: "Yo tengo un propósito único y un destino que es distinto al de cualquier otra persona que haya podido vivir". Sepa que tiene un papel, una idea, un plan o una visión para hacer una contribución a la humanidad.

Tenga el valor de ser únicamente usted, de ser diferente. Es más fácil y menos estresante *no* ser exitoso, ser mediocre, *no* llamar la atención. No se necesita valor para ser normal y encajar. Si está más preocupado de la opinión que la gente tiene de usted que de la visión de Dios para usted, entonces neutralice lo que el Todopoderoso creó en usted, ceda a la presión de los iguales y encaje con todos los demás: vista como ellos, actúe como ellos, coma lo que ellos comen, pase setenta horas a la semana viendo la televisión como ellos hacen, viva del crédito, de cheque a cheque, como hacen ellos, satisfecho con apenas sobrevivir; gaste más de lo que puede como ellos, vaya donde ellos van, piense como ellos piensan, hable como ellos hablan.

Neutralice su particularidad divinamente creada y no necesitará el valor. En esta sociedad de televisión de reality en la que vivimos hoy, donde lo débil, diluido y mediocre es la norma, es necesario valor para decir: "Yo no pasé por todo lo que he pasado para encajar en una definición de normalidad. ¡Tengo el valor de ir en pos de mi sueño!". Sea valiente para reclamar su derecho y afirmar su habilidad para ir a mayores alturas. Usted es una estrella creciente. Tiene en su interior el valor y la resistencia para sacar la negatividad de la conformidad. Invite a Destino a entrar.

Se necesita valor para ser excepcional, sabio, educado, hermoso, feliz, espiritual e inteligente porque esos son los pasos del camino a Destino, un viaje que comienza *dentro* de usted.

Ser valiente no significa que nunca tendrá miedo o dudas. Más bien lo contrario, el que tiene valor amontona el temor y sigue avanzando. Acorrale sus temores y avance con valentía, osando ser la maravilla humana que Dios creó cuando le creó a usted.

No deje que su destino se convierta en una película de terror

A algunas personas les encantan las películas de terror. Sienten escalofríos de temor o emoción cuando los protagonistas luchan y se esfuerzan por sobrevivir. Las películas de terror moderno pueden enseñarnos mucho sobre Destino.

Los supervivientes de las películas de terror por lo general son los más astutos del grupo. Son capaces de seguir relativamente calmados durante la crisis y se aferran a la estrategia. Si algo sale mal, entienden que la estrategia tiene que cambiar.

Los que sobreviven a los créditos finales de la película entienden que lo único que importa es seguir vivo. Si uno de su grupo íntimo de supervivientes recibe algún daño, lamentan momentáneamente la pérdida y siguen avanzando. No hay tiempo de hacer preguntas extravagantes: "Dios, ¿por qué sufrieron el mal?". Tampoco se sienten culpables porque otro haya sufrido el daño y ellos no. Siguen avanzando porque quieren seguir vivos.

El camino por el que usted viaja a Destino puede crear tanto emoción y drama como una película de terror. Usted necesita valor para mantener la cabeza alta y apegarse a su estrategia, especialmente cuando está bajo el ataque de algún muerto viviente que no quiere que usted tenga éxito.

Los protagonistas de la película de terror tienen una ventaja: siempre que sufren un ataque comienzan a sonar notas ominosas, señalando lo que está a punto de ocurrir. La música viene para indicar que los problemas han llegado. Usted no tiene el beneficio de la música de fondo cuando el drama se desarrolla en su vida, pero aun así puede impedir que su vida se convierta en una película de terror.

Primero, no se alimente del drama. Mantenga la calma. Las películas de terror se hacen adrede con la intención de ser muy dramáticas para seducir las emociones. Observe, los que mueren en una película de terror son los que gritan y se asustan. Se alimentan del drama. Cuando usted sea atacado en su viaje a Destino, no ceda al drama en su vida.

Segundo, siga con su estrategia. Sea el protagonista del guión de su propia vida y aférrese calmadamente a su estrategia. Este libro le equipará para trazar una estrategia para Destino (pero especialmente vea el capítulo 3) y Dios le dejará saber que es la correcta para su vida, si busca a su Creador. Cuando tenga una estrategia para cumplir el propósito de su vida, quizá tenga que hacer algunos ajustes a medida que vayan cambiando las circunstancias, pero siga con el plan.

Tercero, no busque a los muertos vivientes, aunque los muertos vivientes sean aquellos a quienes usted ama. A los muertos vivientes les gusta infectar a otras personas y extraerles la vida. Usted no puede darse el lujo de ir con gente que no tiene propósito y que ha dejado la causa de mejorar.

Cuarto, distinga entre vampiros y zombis. Entienda qué tipo de muerto viviente anda suelto queriendo apresarle para que pueda trazar una estrategia ganadora. El clásico vampiro del género de terror moderno es inteligente, astuto, y físicamente atractivo. Cuando le persigue, por lo general será suave, incluso encantador. Estudia a su presa, escoge cuidadosamente y le seduce antes de atacar. Se tarda más en reconocer a los vampiros porque son cautivadores y carismáticos, y le cautivan con una interesante conversación. Son peligrosos porque, finalmente, le chupan la fuerza de la vida. A ellos no les importan sus esperanzas, sueños o Destino. Son depredadores que quieren secarle.

Después, están los zombis, los bobos muertos vivientes. Ellos no piensan. No intentan seducirle. Son simplemente depredadores de carne fresca. Funcionan de una forma indiferente, buscando simplemente devorar carne viva. No importa si es usted o la persona que tiene a su lado. Un zombi podría ser su mejor amigo, madre, gemelo o compañero de universidad, pero aun así querrá atacarle.

Quinto, siga avanzando. El viaje a Destino puede ser como el guión de una película de terror. Quizá ha comenzado con un grupo de amigos, compañeros de clase o del trabajo, o socios empresariales que estaban decididos a cumplir el propósito de usted y vivir en Destino. Durante el camino, algunos no pudieron ahuyentar los ataques de los muertos vivientes. Pero cuidado, porque esa persona que ahora es un muerto viviente y de la cual antes usted estaba cerca, soñando juntos, teniendo una misma visión y planeando el Destino juntos, ¡podría atacarle!

Los supervivientes de las películas de terror siguen avanzando en medio del terror. No se detienen para preguntar por qué. Los sentimientos de traición y dolor son respuestas naturales cuando la gente o los eventos causan estragos en su viaje a Destino, pero véndese sus heridas y continúe avanzando. Mire atrás y llore un poco, pero no tiene mucho tiempo para porqués. Dios no le debe ninguna explicación por permitir circunstancias dolorosas; Dios solo prometió estar con nosotros y darnos consuelo durante esos tiempos. Descanse en la seguridad de que Dios está con usted. Si le pregunta a la persona responsable de su trauma, él o ella probablemente no podría explicárselo. Igual que el zombi que come carne o el vampiro persigue a la presa porque esa es su naturaleza, los muertos vivientes de su vida arruinan su destino porque es lo único que saben hacer.

Una mujer vio a una cría de serpiente de cascabel muriendo, la llevó a casa y cuidó de ella hasta que recobró su salud. Cuando la serpiente recuperó toda su fuerza y vitalidad, mordió a la mujer. "¿Por qué?", la mujer moribunda se preguntaba mientras el veneno se infiltraba lentamente por su sangre. "¿Por qué me mordiste si yo te traje a mi casa y cuidé de ti hasta que te pusiste bien? ¿Así es como me lo agradeces?". La serpiente de cascabel respondió de forma calmada y desprovista de pasión: "Tú sabías que yo era una serpiente de cascabel cuando me trajiste". La gente hace lo que hace. Si tiene el valor de seguir avanzando hacia Destino, dejará de tener la necesidad de preguntar por qué. Su por qué será que usted se ha convertido en otra persona. Usted ha crecido y se ha extendido. Sus pensamientos, acciones, necesidades y deseos ahora asustan a la gente obstaculizada, así que intentan ponerle la zancadilla mientras usted asciende. No se distraiga con ellos. No pierda tiempo preguntándose: "¿Por qué me está haciendo ella esto a mí?". Reúna el coraje dentro de usted para vivir la vida que desea.

Se necesita valor para dejar ir a las personas que limitan, incluso cuando le hacen daño y obstaculizan su destino. Necesita valor para admitir que son como vampiros y zombis. Reúna todo su coraje y deje ir esa relación, por causa del Destino.

¿Qué hace cuando se apagan las luces del cine?

Usted suelta un suspiro de alivio cuando se acaba el drama. La última escena de la película muestra al único superviviente, desgastado, sin aliento y quizá un tanto desorientado. Cuando la película de terror ha terminado y salen los créditos, nos gusta pensar que el protagonista ha sobrevivido para vivir una vida feliz para siempre. ¿Qué le ocurre al superviviente de la historia de terror cuando se acaba la película? Los vampiros han sido aniquilados con una bala de plata. Los zombis han sido todos arrasados. Por el camino, amigos que comenzaron en la lucha se han perdido. Solo hay un superviviente que irá a un mundo distinto sin las personas que compartieron sus luchas.

¿Qué hace usted cuando ha sobrevivido a todos los desafíos que enfrentó para avanzar y no ha quedado nadie que entienda el viaje sino usted? Todos los amigos con los que comenzó no sobrevivieron. La mayor parte de las veces las personas están tan ocupadas intentando conseguirlo que cuando llegan allí, los sentimientos de soledad pueden ser abrumadores. Nadie en su nuevo mundo entiende lo que es sobrevivir a base de sopa japonesa solo para llegar hasta su siguiente cheque de ayuda económica en la universidad. Nadie en su nuevo mundo creció en la caravana comiendo queso donado. Ninguno de sus colegas fue llevado a un penal juvenil por estar en guerras de pandillas. Cuando nadie a su alrededor entiende, ¿con quién celebra la victoria contra las abrumadoras circunstancias?

Si tiene suerte, quizá tenga algún amigo exitoso que sobrevivió al drama de la película de terror para avanzar. Es muy probable que solo esté usted. La nueva vida que tiene incluye un cónyuge cuyos padres tienen doctorados. La amiga de la universidad con la que prometió: "Somos tú y yo contra el mundo" decidió optar por salir de la lucha hace mucho tiempo. Ella no estaba dispuesta a esperar hasta que usted consiguiera llegar. En verdad, probablemente no hubiera podido sobrevivir en su nuevo mundo.

La película de 1950, *When Worlds Collide,* era un drama de ciencia ficción sobre los catastróficos resultados de la colisión de un nuevo planeta con la Tierra. Su antiguo mundo no tienen nada que ver con su nuevo mundo. Por muy solo que se pueda sentir a veces, recuerde que su nuevo mundo merece la pena ser descubierto. Conozca a la gente que hay en él. Saboree las nuevas experiencias. Encuentre satisfacción en la vida a la que Destino le ha llevado. Sus experiencias le han hecho más fuerte, pero no tenían la intención de definir toda su vida. Llene su soledad con el espíritu de un explorador. Hay mucho en su nuevo mundo que no conoce. La gente quizá tiene una historia distinta, pero ha vencido sus propios retos. Usted puede aprender de ellos, como ellos, e incluso encontrar cosas comunes en sus experiencias.

Puede que haya siempre un punto de soledad en su corazón por el drama al que sobrevivió, pero la totalidad de su vida en Destino será más que suficiente para ofrecerle la vida llena que desea. Las decisiones que tomó para ayudarle a convertirse en un superviviente son las mismas destrezas que le ayudarán a encontrar un lugar cómodo en su nuevo mundo.

Tome decisiones de Destino

Algunas decisiones no tienen influencia sobre su destino. No importará si se pone calcetines negros o marrones hoy. Puede conducir un automóvil rojo o plateado, un sedán o un SUV. Algunas decisiones son intranscendentes, así que por favor no se presione pensando que cada decisión tiene que pensarse cuidadosamente para no perder su destino. Tome las decisiones que quiera y disfrute de su vida.

Pero *sí* tendrá que tomar algunas decisiones que serán clave para Destino. Estas decisiones marcarán la diferencia entre su capacidad de llegar a Destino o no. Estas decisiones tendrán influencia sobre el resto de su vida.

Las decisiones de Destino tienen un precio. No estoy hablando necesariamente de costo monetario, aunque las decisiones financieras a menudo tienen influencia sobre Destino. La mayoría de las veces el costo es valor en las relaciones interpersonales. Se necesita valor para tomar decisiones de Destino. Valor para ignorar lo que la abuela quiere que usted haga con su vida y escoger Destino. Sus decisiones Destino pueden hacerle perder a algunas personas a las que consideraba amigas.

¿Qué va a hacer con la vida que le queda? Quizá le queden cincuenta años más o dos, pero encuentre el valor para tomar decisiones de Destino para el resto de tiempo que le queda.

Algunos tienen miedo a tomar decisiones y contemplan sus opciones tanto tiempo que pierden su ventana de oportunidad. Tardan demasiado en tomar una decisión. Podrían haber comprado una propiedad a un gran precio después de que se rompiera la burbuja inmobiliaria, pero perdieron su oportunidad. Se retrasaron a la hora de invertir en ciertas acciones y perdieron su oportunidad antes de que el mercado volviera a subir y los precios se elevaran demasiado. Esperaron demasiado para lanzar una carrera o para tener hijos.

Cuando tiene tanto miedo que se queda inmóvil, puede tardar demasiado en decidir. Si no toma decisiones, la puerta de Destino quizá se cierre. Puede tardar demasiado en pedirle a la mujer de su vida que se case con usted. Puede tardar demasiado en decidir un cambio de carrera. Puede tardar demasiado en decidir tener hijos.

El temor puede hacer que tarde demasiado en decidir, pero el temor también puede asustarle para que tome las decisiones demasiado pronto. De forma figurada, el temor puede hacerle tomar el primer tren que pase por temor a que no haya otro, así que se casa demasiado pronto, acepta el trabajo equivocado o hace un compromiso antes de estar bien situado para honrarlo. Cuando toma decisiones demasiado rápido, medita en sus decisiones y dice: "Desearía haber sabido eso antes de decidir hacer lo que hice".

Hay una correlación clave entre Destino y las decisiones. Las decisiones que toma son el camino a su destino. Sus decisiones le llevarán a su destino. Poner en acción grandes decisiones cambiará su vida.

A veces lo que nos falta para tomar una decisión no es el valor; es la información. La buena información puede reforzar nuestro valor para tomar decisiones de Destino. Es aterrador tomar una decisión en la oscuridad de la ignorancia. Usted *debería* tener miedo a tomar decisiones sin información. La buena información puede descongelar la parálisis de su mente para tomar una decisión de Destino. Antes de edificar una casa, el sentido común dice que considere el costo. Usted no comienza a construir una casa sin saber cuánto tiempo y dinero le costará. Ya sea que esté dejando un trabajo o regresando a la escuela, cambiando de profesión o cambiando su estatus de relaciones, consiga una buena información. Una vez bien informado, tome sus decisiones de Destino.

No se pueden tomar grandes decisiones con información errónea. Estaba viendo una noche un programa de televisión sobre un juez que estaba a punto de decidir si dar o no aplazamiento de ejecución a un hombre que estaba condenado a morir mediante inyección letal. Todo estaba preparado para la ejecución. Sin embargo, el día antes del día programado para la ejecución, el abogado del hombre condenado le presentó una nueva información al juez. La información que proporcionó cambió la vida del hombre condenado. Con esta nueva información que el juez recibió, perdonó la vida de ese hombre. Cuando usted esté a punto de tomar una decisión de Destino, consiga toda la información precisa que pueda. Cuando tenga una buena idea de aquello contra lo que usted está, podrá reunir el coraje necesario para continuar.

Deje de usar la excusa de que está esperando en Dios. A veces esperar es una mera justificación para la falta de acción. Puede estar esperando en Dios ¡a la vez que Dios está esperándole a usted! Dios ha provisto y ha preparado todo lo que usted necesita. Él solo necesita que usted dé un paso hacia ello. Consiga la mejor información que pueda, ¡y tome una decisión!

A veces nos movemos tímidamente, como si hubiera solo un paso preciso que podemos dar, y si no damos el correcto, todas nuestras esperanzas y sueños se derrumbarán. Eso sencillamente no es cierto. Esfuércese siempre por tomar sus mejores decisiones basándose en una buena información, y después avance. Habrá veces en que decidirá sobre la base de una corazonada o un sentimiento. Ore al respecto y siga esa decisión. Encontrará que incluso aunque su decisión no fue la mejor, Dios aún puede usar la situación para bendecirle e impulsarle hacia Destino.

Eleve su mente a Destino

Algunos son llamados a Destino pero nunca responden. Prefieren mantener su cabeza agachada y vivir por debajo del nivel de Destino porque Destino requiere mostrar valor además de cambiar, demostrar visión, entrar en nuevos terrenos, estirarse, crecer, caerse y volverse a levantar.

Usted tiene que hacer algunas cosas para liberar aquello para lo que Dios le ha preparado. No va a ocurrir a pesar de usted; solo ocurrirá gracias a usted. Decir: "Cualquier cosa que pase en mi vida está bien" no es escoger Destino. Ahora es el tiempo para que usted tome las decisiones que le permitirán levantarse. Dios le dará destellos de Destino, pero puede que no sepa cómo llegar ahí. Cuando yo era un niño, Dios comenzó a darme pequeñas muestras de mi destino, pero no tenía ni idea en ese entonces de cómo llegaría hasta ahí. Ahora puedo ver cómo una vez tras otra fui elevado a un terreno más grande. Cada vez que un lugar se quedaba limitado, yo era capaz de llegar a otro nivel. Cada nuevo nivel era mayor, así que podía crecer. Al llegar a esos nuevos espacios más grandes, tuve que aprender nuevas destrezas. En cada entorno nuevo, podía ordenar y afirmar mis pasos, ganar nueva confianza, aprender de la nueva exposición, y absorber nuevo conocimiento.

No debería contentarse en ninguna etapa de su vida con sentarse cómodamente, pensando que ya ha llegado, que Destino no le ofrece ya nuevas vistas de oportunidad, desafío o crecimiento. Hay siempre otro nivel que alcanzar en algún terreno de la vida. Dios nos ha creado a los humanos como criaturas tan fascinantes que podemos crecer en muchos niveles distintos. Puede que haya llegado a su Destino económico más alto, pero aún no ha llegado a su nivel más alto espiritualmente. Puede que aún tenga espacio para crecer hasta un nivel donde desconecta el parloteo del mundo para oír la voz de Dios hablándole. Quizá haya llegado a su Destino profesionalmente pero aún tiene espacio para crecer en sus relaciones. Puede llegar a conocer a su cónyuge, a sus hijos, a sus nietos, o incluso a sus padres de formas más cercanas o más íntimas.

Destino le está llamando. Se encuentra en la cúspide del cambio. Más le está llamando. Usted no es egoísta. No es desagradecido. No es codicioso. ¡Realmente *hay* más! No puede quedarse donde está sin sentir descontento. No importa dónde se encuentre en su búsqueda de Destino, prepárese, prepárese, prepárese para elevar su mente al alto llamado de Destino.

Reconocimientos

La idea de *Destino* se cristalizó como una continuación de *Instinto,* proveyendo así un hilo conductor a través del cual entretejer dos conceptos distintos pero complementarios.

En mi libro anterior, *Instinto,* compartí cómo usted está hecho y que ha recibido estrategias para desatar lo que Dios ya ha puesto en su interior. *Instinto* es el cómo, pero *Destino* revela por qué usted está hecho así. Me sentí forzado concretamente a escribir este libro porque creo que el porqué es siempre más poderoso que el cómo de la vida. Estoy emocionado con este libro porque lo veo como una oportunidad de avanzar más allá del cómo y explorar el porqué. Ambos conectan para dirigirle a Destino.

La profundidad de mi aprecio para la gente especial que invirtió en este proyecto va mucho más allá de lo que las palabras escritas aquí podrían expresar jamás. Desde el momento en que fue concebido este libro, una multitud de personas se aseguraron de que esta obra cobrara vida. Su inversión eterna me inspira a continuar para cumplir mi propósito y destino.

Mi continua gratitud a mi familia editorial de Hachette FaithWords, por sus apasionados esfuerzos por hacer que este libro sea mayor y mejor de lo que cualquiera de nosotros soñamos. Gracias, Rolf Zettersten y todo el equipo de Hachette, que recibió y apoyó tanto a mí como a mi obra con el más profundo respeto. Este libro es mejor por la perspicacia editorial y visión de Adrienne Ingrum.

Jan Miller y Shannon Marven en Dupree/Miller & Associates continúan sorprendiéndome con su incansable dedicación y asociación apasionada. Les aprecio a ustedes y a su equipo más de lo que se imaginan.

Gracias en especial a Olivia M. Cloud por su prolífica experiencia literaria. Su experto empuje me ayudó a expresar mi forma particular con palabras; gracias, Olivia.

Quiero agradecer a todos los líderes de fe y pastores que me han ayudado tanto durante los años a trazar mi curso y propulsar mi visión con oración y apoyo. Gracias a mis asociados en todo el mundo, a mi iglesia The Potter's House y a innumerables periodistas, presentadores, actores y líderes empresariales ¡que han considerado que mi obra literaria es relevante para sus vidas!

Estoy en deuda con mi equipo de TDJ Enterprises, especialmente con Jamar Jakes y Zunoraine Holmes, que trabajaron incansablemente para mejorar este proyecto con sus ideas y creatividad. Gracias por ayudarme a sacar mi mensaje con excelencia.

He descubierto qué es lo más importante: cómo vivir de forma intencional y cómo correr con propósito. De mis hijos he aprendido a vivir y amar con mucha más profundidad. Espero haberles enseñado que su mayor fuente de motivación es encontrar el potencial que aún está sin destapar en su interior. Gracias, Jermaine, Jamar, Cora, Sarah y Dexter por el privilegio de verles dominar su cita con el Destino. Siempre digo que Destino deja pistas. Mi increíble esposa, Serita, es quien Dios me dio para revelar la belleza y bondad del viaje de mi vida. Cariño, no puedo escribir la historia de mi Destino sin ti. ¡De verdad eres la mejor! ¡Mi amor y gratitud para todos ustedes!

Acerca del autor

T. D. Jakes es autor éxito de ventas nº1 del *New York Times* de más de veinticinco libros y es el director general de TDJ Enterprises, LLP. Es el fundador de la iglesia de treinta mil miembros The Potter's House, y su programa ministerial de televisión *The Potter's Touch*, es visto por 3,3 millones de espectadores cada semana. Ha producido música ganadora de premios Grammy y películas como *Heaven Is For Real*, *Sparkle* y *Jumping the Broom*. Experto comunicador, realiza Megafest, Woman Thou Art Loosed y otras conferencias a las que asisten decenas de miles. T. D. Jakes vive en Dallas con su esposa y sus cinco hijos. Visite www.tdjakes.com.